memórias do cárcere

GRACILIANO RAMOS

VOLUME 4

ubook
UBK Publishing House

ubook UBK Publishing House

EDIÇÃO Cristina Barcia
REVISÃO Vinícius Nascimento
PROJETO GRÁFICO E CAPA UBK Publishing House
DIAGRAMAÇÃO Cristiano Marques

Dados Internacionais de Catalogação na Publicação (CIP)
(Câmara Brasileira do Livro, SP, Brasil)

Ramos, Graciliano, 1892-1953

Memórias do cárcere : casa de correção / Graciliano Ramos. -- Rio de Janeiro : Ubook Editora, 2025. -- (Memórias do cárcere ; v. 4)

ISBN 978-85-9556-992-8

1. Escritores brasileiros - Autobiografia 2. Memórias autobiográficas 3. Ramos, Graciliano, 1892-1953 I. Título. II. Série.

24-241534 | CDD-B869.8

Índices para catálogo sistemático:

1. Memórias autobiográficas : Literatura brasileira B869.8

Eliane de Freitas Leite - Bibliotecária - CRB 8/8415

Ubook Editora S.A

Av. das Américas, 500, Bloco 12, Sala 207,

Barra da Tijuca, Rio de Janeiro/RJ.

Cep.: 22.640-100

Tel.: (21) 3570-8150

Sumário

capítulo 1

FIQUEI ali apenas vinte e quatro horas.

– Seu Fulano, transferência.

A roupa lavada na véspera ainda não estava seca. Embrulhei-a num jornal, meti-a na valise, abracei os companheiros, exceto o lituano, embrenhado no exercício penoso, e um rapaz que na Colônia me ofendera querendo comprar-me um cigarro. Essa mesquinhez, apesar de velha, ressentia-me: a lembrança do homem sonso e risonho, de braço estirado, um níquel entre os dedos, não se apagava. Em minutos achei-me pronto:

– Vamos lá.

Para onde? Calei a pergunta, como de outras vezes; se a lançasse, não me dariam resposta. Imaginei regressar ao Pavilhão dos Primários. Engano, conduziram-me noutro sentido. Os renques de árvores pequenas, mansas a tesoura, não me forneciam orientação. Dobramos esquinas, saímos do edifício. Procurei em redor um daqueles temerosos carros, os tintureiros, marcados com um dístico, eufemismo extravagante: *assistência policial*. Jogam-nos ali, esmagam-nos, indiferentes à capacidade, e batem a porta; viajamos na treva e no calor, como bichos, atormentados pela desagradável assistência.

– Vamos – convidou um dos soldados.

Nenhum veículo. Diabo. Mexia-me a custo, e iam obrigar-me a nova marcha. De fato lamentei a ausência do automóvel fechado e escuro. Partimos. Lá fui claudicando até a Casa de Correção, a pequena distância. Entramos. Surpreso e inquieto, perguntei a mim mesmo porque me enviavam àquela prisão. Deviam estar ali, supus, as criaturas forçadas a cumprir sentença, e ainda não me haviam dito uma palavra a respeito dos meus possíveis crimes. Tinham-me obrigado longos meses a rolar para cima e para baixo; aplicavam-me agora uma condenação enigmática. Desapareceriam talvez as mudanças, as relações instáveis com vagabundos e malandros; me estabeleceriam num dos cárceres habitados por assassinos e ladrões perigosos. Chegamos à secretaria; um tipo de farda recebeu o ofício que ordenava a minha permanência ali e os condutores se retiraram.

– O diretor está à sua espera – declarou a nova personagem levando-me a um gabinete à esquerda.

Espantei-me. Antes do médico, na Colônia, o homem áspero que me exibira o telegrama e defendera os gatunos, nenhum diretor me havia posto os olhos em cima. Um queria ver-me. Ia interrogar-me, sem dúvida, arranjar outra ficha complicada. Ingressamos na saleta. Debruçado a uma banca, um velhinho escrevia. Ergueu-se, tomou do funcionário o envelope, correu a vista rápido na folha de papel, estendeu-me risonho a mão:

— Está bem. Muito bem. Chegou ontem, não?

— Sim, ontem. Ou anteontem, nem me lembro — respondi atarantado. O tempo deixara de existir.

— Sua mulher esteve aqui hoje. Vai bem. Eu o esperava desde ontem. Houve atraso. Vou telefonar a ela marcando uma visita para amanhã. Vai bem. Toda a família vai bem. José Leite e Amália vão bem. Sabe que padre José Leite esteve aqui, procurando visitá-lo nos Primários? Não conseguiu a visita. Vai bem.

— É. Percebi a letra dele num pacote de frutas. Mas como é que o senhor conhece essa gente?

— Ah! Sou de Alagoas, nasci em Pilar. Vamos.

Pegou-me o braço, levou-me à porta. Essa incrível familiaridade perturbava-me. Difícil admitir que um instrumento da polícia, só por ter nascido na minha terra e conhecer parentes de minha mulher, procedesse de tal jeito. Inclinava-me a descobrir na linguagem simples do homenzinho ideias de corrupção. Mas corrupção porque, Deus do céu? Que diabo esperavam de mim? Estúpido imaginar terem posto ali uma pessoa do nordeste para engabelar-me. Receava comprometer-me e receava ser bruto com um vivente amorável. Ao passarmos a secretaria, o velho ordenou:

— Deixe a maleta aí, com a chave. Há uma formalidade.

Pus a valise em cima de uma banca, retirei-me em companhia do homem. No pátio, onde se erguiam edifícios altos, atravessamos vários portões de ferro; chegamos a um prédio velho de dois pavimentos. Grades abertas, sem vigias, surpreenderam-me. Além de um pequeno vão escuso, onde vi, a direita, uma sala, provavelmente a casa da ordem, chegamos a um canto de terreiro, subimos uma escada. Lá em cima um guarda, que nos acompanhava, entregou-me a valise. Desembocamos numa espécie de antecâmara; vi na parede um espelho, avizinhei-me dele. Não contive uma exclamação de espanto:

— Que vagabundo monstruoso!

Estava medonho. Magro, barbado, covas no rosto cheio de pregas, os olhos duros encovados. Demorei-me um pouco diante do espelho. Não podia ver-me na Colônia, de nenhum modo avaliava os estragos, a medonha devastação.

— Que vagabundo monstruoso!

Horrível. Entramos num salão muito comprido, onde se alinhavam camas e janelas numerosas rasgavam as duas paredes externas. Havia ali umas cem pessoas. Ao pisar no soalho gasto, oscilante, reconheci alguns dos meus companheiros do Pavilhão. Vários se aproximaram, uma voz metálica soou perto:

— Você está morto, rapaz. Quantos dias faz que não come?

Voltei-me. Era José Brasil.

— Nem sei, muitos dias.

José Brasil saiu precipitado; ouvi-o descer degraus com forte rumor de tamancos. O professor Castro Rebelo trouxe-me biscoitos, Maurício Lacerda ofereceu-me duas maçãs.

— Tem pijama? — inquiriu um homem atarracado e moreno, que logo me apresentaram: Rosendo, juiz de direito em Niterói.

Com certeza se arriscava a respeitar o *habeas corpus* e estava conosco

— Tenho. Imundo, uma porcaria.

O juiz afastou-se, minutos depois entregou-me um largo pijama. Nenhum desejo me aparecia de comer as maçãs e os biscoitos, esquecidos numa grande mesa à entrada – tábuas nuas, soltas, em cima de cavaletes. Dirigi-me a um canto do salão, e só aí notei que havia luzes. Provavelmente, a noite baixara antes da chegada, mas, na confusão da mudança, escapavam-me as horas. Apaguei uma lâmpada vizinha, despi-me, vesti-me. Em seguida, encaminhei-me à porta, segurando a valise: não havia perdido o hábito de fiscalizá-la. Voltei, joguei-a sobre o paletó e a calça amarrotados no chão.

Fui sentar-me num banco, junto à mesa. O diretor conversava animado, risonho e familiar. Tratavam-no por major e pareciam gostar dele. Nesse ponto, José Brasil entrou com dois faxinas, que puseram diante de mim bules de café, leite e chá, um tabuleiro cheio de fatias de pão. Surgiu-me de repente a fome: bebi sôfrego um caneco de leite e comecei a devorar. Espantava-me o horrível apetite depois da longa inapetência, e desgostava-me não conseguir moderá-lo. Portava-me como selvagem, mastigava sem descontinuar e envergonhava-me de estar causando impressão deplorável. Minutos antes, as maçãs e os biscoitos provocavam-me repugnância. A esquisita avidez viera de golpe. Esforçava-me por adivinhar a causa dela, e isto era o único sinal de inteligência que ainda havia em mim. Bicho faminto, surdo, mudo. Não me achava inteiramente cego: via ao redor médicos, engenheiros, advogados, jornalistas, oficiais do exército, gente que, meses atrás, lia e jogava xadrez no Pavilhão. A ausência de operários deu-me uma indicação: provavelmente estávamos na Sala da Capela, destinada a burgueses e intelectuais. Mas por que não estavam ali Rodolfo Ghioldi, Sérgio, Valério Konder, os Campos da Paz? Consumi todo o pão e esvaziei o bule de café. Aí choveram perguntas, mas, cansado, zonzo, senti preguiça de falar, catar lembranças.

A Colônia ia-se distanciando; a cama, a esteira, o lençol ensanguentado, a tatuagem de Gaúcho e os olhos ferozes de Alfeu confundiam-se. Teriam existido? Afligiu-me reconhecer lacunas em tão pouco tempo, vacilações na memória. Não me seria possível reconstituir o galpão, o refeitório, a generosidade estranha de Cubano, o estertor do vagabundo na imensa noite. A perda irremediável das folhas de papel mexia-me os nervos. Afugentei essas coisas, firmei-me na realidade próxima.

Estávamos na Sala da Capela? Disseram-me que sim e obstinaram-se em pedir notícias da Ilha Grande. Mencionei as pedras escuras, os morros, as piteiras brilhantes no crepúsculo. O diretor, baixo, gordinho, atirando passos curtos nas pranchas desconchavadas, ofereceu-nos um trocadilho de caserna, pilhéria de sal grosso. Um sujeito se referira à ilha e às plantas: "É a terra onde a pita abunda." Percebendo a cacofonia, emendara: "É a terra onde abunda a pita." Uma hilaridade cortês e chocha acolheu a anedota.

Alheio às conversas, detinha-me na observação do ambiente e passava os dedos nos pelos ásperos do rosto. Além de Castro Rebelo, divisei os outros dois professores da universidade: Hermes Lima e Leônidas de Resende. Também avistei Gikovate e Karacik, os médicos judeus, Francisco Mangabeira, Agildo, Moreira Lima, Sisson, Apporelly, Cascardo. Várias personagens, vistas anteriormente, formavam grupos na sala vasta e só mais tarde as reconheci.

– Preciso que me arranjem navalha, pincel, sabão, um pano para enxugar-me Estou horroroso, não posso dormir assim.

Trouxeram-me os objetos pedidos. Fui à saleta, descobri um lavatório, abri a torneira, lavei-me e esfreguei-me vagaroso. Chegando-me ao espelho para barbear-me, repeti com desânimo:

– Que vagabundo sórdido!

Como se transformava uma pessoa tão depressa? Escanhoei-me e alterou-se um pouco a figura semelhante aos ladrões, meus companheiros na Colônia Correcional. Mas a magreza, as órbitas fundas, as rugas, ainda me espantavam; não havia jeito de habituar-me àquele horror.

Voltei ao salão, procurei o indivíduo que me havia emprestado as miudezas e dei de cara com Walter Pompeu. Entraram faxinas, uma cama se armou. Fui recostar-me nela, morto de fadiga, a custo desamarrei os sapatos. Os olhos fechavam-se. Morto de cansaço. Não entendia nada. As perguntas que me fizeram ficaram sem resposta. O homem gordo e baixo deu mais alguns passos curtos no pavimento bambo e retirou-se. Apagaram-se as lâmpadas. Sobre a mesa, à entrada, uma ficou acesa; alguém pôs sobre ela uma pantalha de jornal; criaturas vagas se acercaram, abriram volumes em roda. Sono, fadiga. Apesar disso, não me foi possível repousar direito. Adormecia, acordava. Sonhos atrapalhados, visões da Colônia misturavam-se a figuras imóveis, sombras, guaritas altas, em cima de muros, apitos de sentinelas. O colchão e o travesseiro incomodavam-me, o lençol e a manta pareciam-me sujos de hemoptises.

capítulo 2

LEVANTEI-ME de madrugada e fui sentar-me no banco, junto à mesa; esperei que as figuras ao redor se mexessem. Na saleta, à porta, um guarda cochilava. Sombras lá fora, massas indistintas, prédios, árvores, rumores vagos, apitos. Fiquei debruçado na tábua cerca de uma hora, até que a luz da lâmpada esmoreceu e lá embaixo se espalhou a gritaria dos pardais. Estirando os olhos pelas janelas, distingui o terraço da Casa de Detenção e, longe, à esquerda, o vulto pedregoso da Favela, com uma igreja no cocuruto, fina e simpática.

O dia entrava no dormitório, as camas rangiam, alguns homens se levantavam e passos duros no pavimento desconchavado impediam o sono dos dorminhocos. Uma voz áspera indicou-me a presença de Moésia Rolim. Abandonei as ladeiras da Favela, examinei o interior, vi à distância, no fim da sala, as barbas de Apporelly, o roupão vermelho de Cascardo,

Moreira Lima a ajeitar a funda, vagaroso. Um faxina apareceu na saleta; dirigi-me a ele e encomendei um par de tamancos.

— Agora, se for possível. Número quarenta, pouco mais ou menos.

O sujeito saiu, tornou pouco depois, entregou-me os pedaços de pau cobertos de lona, duas tiras grossas. Descalcei-me, experimentei-os:

— Bem.

Fui juntar à bagagem os sapatos enlameados. Ao abrir o porta-níqueis para fazer a paga, demorei-me a contar as últimas cédulas, e uma sensação de inferioridade me atingiu. Senti-me fraco e desarmado. E necessitava banho. Vendo alguns indivíduos afastaram-se com toalhas, acompanhei-os, desci a escada. Lá embaixo, como na véspera, achei as grades abertas e sem vigilância. Entramos no pátio, dobramos esquinas. Os banheiros eram longe, ao pé do muro interno que nos separava da Detenção. Lavei-me com demora e fui secar-me ao sol: não me atrevera a usar a toalha pequena guardada na valise.

De volta, dirigimo-nos ao refeitório, no pavimento inferior. A primeira vista aquilo não diferia da Colônia. Tábuas nuas em cima de cavaletes, ladeadas por bancos estreitos e escuros. Mas o aspecto agradável da comida nos tabuleiros cheios, bules de metal areado, pratos e xícaras limpos desfizeram logo a abjeta comparação. Embora a manteiga estivesse rançosa, mastiguei o pão e bebi o café com prazer. Certamente influíram nisso as criaturas civilizadas que se sentavam próximo e devagar iam ressurgindo no meu espírito. As mesas se despovoaram e, finda a refeição, demorei-me um pouco ali, a fumar.

O rapaz que me servira, gordo, baixo, inquieto, aproximou-se, disse-me que se chamava Aleixo e não era homossexual.

– Quem lhe perguntou isso? – exclamei erguendo-me. – A sua vida não me interessa.

– É que o senhor vai ouvir dizer que sou pederasta. E não sou. Juro que não sou, nunca fui.

– Está bem. Adeus.

Saí, galguei a escada. Lá em cima encontrei Walter Pompeu, que se sentara junto a mim no banco escuro.

– Ó Walter, quem é o tipo que nos serviu, o Aleixo? É doido, não?

Walter Pompeu narrou-me o caso de Aleixo. Não era doido. Marinheiro, longe da terra, vivera muitos anos amigado com um oficial. No mar essas coisas são naturais – falta de mulher. Por acaso, resolvera mudar de vida e casar. Achara fêmea num porto, quisera fixar-se nela, abandonar o navio, ser tipo decente, macho: "Não quero saber mais disso." O oficial tinha direito sobre ele, tentara forçá-lo: "Seu tenente, larguei isso e vou casar. Deixe-me em paz." O outro insistira, exigente. Aleixo matara-o. E condenado no júri, com larga pena, longe da noiva, tornara à vida anterior. O sentimento de culpa exteriorizava-se a cada instante – e esforçava-se por evitá-lo afirmando a toda a gente que não era invertido.

Um guarda moço, de olho vivo, apareceu, largou sobre a mesa um grande maço de jornais. Tirou do bolso uma caderneta e começou a arrolar encomendas. Cheguei-me a ele, pedi lápis e um bloco de papel. Na saleta, alguns presos tinham arranjado uma pequena marcenaria. Àquela hora já serravam, aplainavam, manejavam com barulho, desajeitados, o escopro e o martelo. Especializavam-se na fabricação de cadeiras, talvez por termos vivido meses a sentir a falta delas. Havia ali diversas, outras se concluíam, móveis originais discrepantes na forma e no tamanho. Uma ideia me levou à esquisita oficina. Obtive um pedaço de madeira. E com ele e barbante compus uma espécie de cabide, onde estirei a calça e o paletó amarrotado. Alguém me emprestou uma escova. Esfreguei os panos devagar, pendurei-os em um prego. Mandei lavar a roupa branca. E dediquei-me a limpar os sapatos, dar-lhes aparência razoável.

Ao redor, nas camas, os presos liam, conversavam, discutiam a guerra civil da Espanha. Ao fundo, Apporelly arrumava cartas sobre uma pequena mesa redonda, entranhado numa infindável paciência. Avizinhei-me dele, pedi notícias do livro que me anunciara meses antes: a biografia do Barão de Itararé. Como ia esse ilustre fidalgo? A narrativa ainda não começara, as glórias do senhor barão conservavam-se espalhadas no jornal. Ficariam assim, com certeza: o panegirista não se decidia a pôr em ordem os feitos da notável personagem. Lamentei aquele desperdício de tempo, embora também me achasse inútil, ocioso: quase um ano a jogar *poker* e xadrez, matar percevejos, ouvir hinos e discursos. Agora, depois do jejum prolongado, não me sentia disposto a recomeçar o trabalho. Enfim, todos nós procurávamos atordoar-nos. Renovavam-se histórias narradas no Pavilhão e tinha-se como certa a vitória dos republicanos em Madrid e na Catalunha. Éramos crédulos em excesso e repelíamos zangados os telegramas favoráveis a Franco. Aliava-se a essa ingenuidade uma irritação nova.

Certos indivíduos, anteriormente calmos, propendiam a bulha; sossegavam, mas uma palavra largada à toa os enraivecia. A demorada reclusão mudava os caracteres. A princípio um homem apenas me surgiu tranquilo, usando os modos e a linguagem usuais lá fora, na cátedra: Hermes Lima. Embrenhava-se no estudo do alemão, compondo exercícios num caderno que se avolumava. Nenhum livro. E, na falta disso, Gikovate era gramática e era dicionário. Se Gikovate não estava à mão, Hermes recorria a um dos irmãos Cunha, os Cunhões, dois gêmeos perfeitamente iguais. Tenentes do exército, sul-rio-grandenses, falavam bem as duas línguas, podiam ser úteis a Hermes em caso de necessidade.

– Almoço – gritaram da porta.

Erguemo-nos, houve no tabuado um barulho de tamancos, descemos a escada gasta, carunchosa. Lá embaixo, no refeitório comprido, sentei-me no lugar ocupado pela manhã, à hora do café. Walter Pompeu estava junto de mim, e Aleixo, o desgraçado, nos servia. A comida era boa.

– As pontas da vanguarda... – anunciou Rollemberg impingindo-nos uma série de triunfos imaginários.

Esse otimismo provocava riso. Estava ali parte da vanguarda, esparsa nos bancos estreitos e escuros, roída pelas dissidências, e outras partes se desfaziam nos cubículos da Detenção, na piolheira da Colônia. Chegou-me de novo a fome experimentada na véspera, durante algum tempo não escutei as reflexões de Walter a respeito de Aleixo, bambo e lânguido.

Voltamos, apareceram-me dores vagas nas pernas, deitei-me, fixei a vista na escarpa vermelha de um monte próximo. Barracos miseráveis, transeuntes raros a subir e a descer, um burro e uma cabra imóveis. Meia hora de observação fatigou-me. Baixei os olhos, uma guarita surgiu-me a poucos metros, cavalgando o muro alto. À tarde chamaram-me:

— Visita.

Bem. A promessa do diretor se realizava. Ergui-me, calcei os sapatos, enverguei a roupa única sobre o pijama de Rosendo, saí acompanhado por um guarda. Portões abriram-se e fecharam-se no caminho percorrido no dia anterior, chegamos à secretaria. Minha mulher, à porta, recebeu-me com espanto:

— Como está magro! Por que raspou a cabeça?

— Pois sim! — resmunguei. Isso dependia de mim. Devia estar gordo e cabeludo. Quanta inocência!

Afastei as explicações e fomos sentar-nos. Aí a criatura me forneceu novidades, esforçando-se por desviar coisas desagradáveis. O intuito era visível.

Inteirando-se da minha viagem para a Colônia, ficara satisfeita: ao menos lá, supunha, não me seria difícil encontrar mulheres.

— Encontrar mulheres? — exclamei assombrado.

— Sim. Julguei. Uma dessas matutinhas da lavoura. No campo é fácil.

— Que estupidez!

Ciumenta em excesso, minha companheira achava natural que, depois de longa abstinência, me encostasse a fêmeas ordinárias. Essas não lhe faziam mossa. Tinha horror às senhoras educadas e inteligentes. O ciúme dela não era, por assim dizer, físico: era mental. Abandonou o assunto maluco e entregou-me cem mil-réis que recebera de uma revista argentina. A publicação do conto enviado a Benjamin Garay rendera vinte e cinco pesos.

– Diabo! A minha cotação lá é baixa. Em todo o caso isso veio em boa hora: estou sem dinheiro. Basta metade. – Guardei cinquenta mil-réis, devolvi o resto.

– Como vai o livro?

Estava na composição, em provas.

– Que demora! Já devia ter saído.

O diretor apareceu, esteve algum tempo a recordar a sua mocidade, em Alagoas. Quando saíra de lá, a mãe da visitante era criança. Aí fiquei sabendo que o homem, oficial reformado, se chamava Nunes. A interrupção delicada, presumi, indicava o momento de retirar-me. Aquilo era encontro de exceção, explicou major Nunes, marcando a visita regular para sexta-feira, ao meio-dia. O velho me tratara por "você", como se houvesse conhecido a minha família, inexistente, esfarelada no interior. Essa intimidade não me humilhava. Notei depois que ele se dirigia assim a toda gente: era como se os presos fossem seus filhos. Agradeci, despedi-me, regressei à Sala da Capela. E não consegui jantar. No fim da tarde, o burro e a cabra desapareceram no morro, os transeuntes sumiram-se. Vozes furavam-me os ouvidos. Quanta gente! Hora do chá. Não me foi possível descer. Luzes. A guarita, em cima do muro, estava quase imperceptível. As dores cresciam. Não dormi direito. Gemi toda a noite.

capítulo 3

MOREMA, o guarda moço de olho vivo, trouxe-me de manhã os lápis e o papel encomendados. Para que servia aquilo? As dores nas pernas anunciavam doença grave.

Iam do tornozelo ao joelho, era como se os ossos se estivessem desfazendo. Com o dia tinha diminuído um pouco, talvez por haver agora algum calor, mas a horrível impressão me chegava de que a parte inferior do esqueleto não aguentava o peso do corpo. Ossos a esfarelar-se. Polinevrite, beribéri – misturei esses nomes e desejei consultar Flávio Poppe, visto de relance, Gikovate, Karacik, um dos médicos presos. Falta de comida. Lembrava-me de ter passado pelo menos uma quinzena em jejum. Devia ser isso. Dificuldade em mexer-me até o banheiro, lavar-me, voltar, beber o café, subir a escada. As pernas não tinham consistência. Movia-me com medo. A qualquer momento as canelas iam desmanchar-se, mudar-se em algodão. Tíbias de algodão. Estranho aparecer-

-me aquilo exatamente ao chegar à Sala da Capela, onde não havia penúria. Alimentara-me – e as pernas se negavam a sustentar-me. Já viera, com certeza, meio morto. A visagem medonha, percebida no espelho, atenazou-me de novo.

"Que vagabundo monstruoso!" Não. Por fora já não estava assim. Raspado e ensaboado, metido em panos limpos, melhorara um pouco o exterior. Mas era uma desgraça por dentro. Convencia-me disso e receava mover-me: a carcaça miserável não me suportaria. Vagaroso, fui guardar na valise a encomenda inútil. E arriei na cama.

O vizinho da direita, Castro Rebelo, cerimonioso, tratava-me por senhor, para marcar distância. E eu, naturalmente, provinciano mesquinho, dava-lhe o título de professor e falava pouco. Nessa manhã Castro me fez uma consulta estapafúrdia: queria saber quando tinha sido publicado não sei que livro. Refleti, consultei a minha profunda ignorância, aventurei que, salvo erro, a obra tinha saído ali por volta do século XVI.

– Ora no século XVI! Eu queria saber o ano.

Isso me esfriou a espinha, reduziu mais a consistência do arcabouço frágil. Necessário mudar de lugar. Que seria de mim se o erudito, minucioso, me perguntasse o mês, o dia, a hora, o minuto? Naquela manhã Castro se achava de mau humor. Referindo-se à política nacional, atirou uma observação absurda.

– Não compreendo – atalhei. – Como se explica isso?

– Não se explica – volveu o professor.

E largou um palavrão.

– Quando, na história do Brasil, lhe aparecer um fato inexplicável, procure a razão dele entre as coxas de uma mulher. Não se engana.

Aludiu à experiência de 1935, furioso e estridente.

– Parece que há algum exagero – aparteei. – Não é tanto assim.

– Exagero? Então o senhor não sabe onde vive? O senhor está no meio dos maiores canalhas deste país.

O desaforo saiu com arrepio e gritos. Gikovate avizinhou-se:

– Professor, acalme-se.

– Vá para a puta que o pariu. Você também é um filho da puta, como os outros.

– Puxa! Que ferocidade! – segredei ao médico. E afastei-me com ele.

– A culpa foi minha, que o contrariei.

– Fiz mal em meter-me na vida alheia – murmurou o judeu pálido e encabulado. – Não esperava aquela zanga. Está doente do ovário, sem dúvida.

Castro Rebelo excitava-se com rapidez incrível e não tinha papas na língua: expandia-se em fortes desconchavos, indiferente ao lugar, sem receio de atrair inimigos. Não atraía: os companheiros suportavam as cóleras maciças, que findavam logo.

Andei à toa de um lado para outro, folheei jornais. Ao cabo de meia hora encontrei-o razoável e normal, em palestra com Luís Lins de Barros, como se nada houvesse acontecido. Admirei a palavra sossegada, lenta. E ainda mais a mudança que percebi no interlocutor. Meses atrás esse moço me causara impressão lastimosa. Modos sornas, o olhar baixo, mordia um sorriso insignificante e expressava-se em voz bamba e vazia. Qualquer pergunta o deixava perplexo. Arrastava-se nos cubículos do Pavilhão como sombra, mosca-morta isenta de querer e pensar. Agora apresentava ideias, questionava. A fala era mofina e branda, mas num instante o homem suprimia um juízo firmado em observação longa. Retirou-se – e confessei o meu espanto:

– É estranho. Julguei até hoje esse rapaz um imbecil.

Castro deu uma gargalhada, chamou:

– Luís, chegue cá, ouça isto.

E quando o outro voltou:

– Aqui o nosso amigo supunha que você era imbecil.

– Mas ele está certo – respondeu Luís de Barros, mole e vago. – Sou realmente um imbecil.

– Para que finge? – perguntei quase com raiva. – Essa constante simulação deve fatigar.

– Não é simulação – tornou baixinho o original personagem. – Acredite, sou um imbecil.

– Para o diabo.

Afastei-me. Que precisão tinha o homem de induzir a gente em erro? Se tinha receio de comprometer-se, evitaria sem esforço os cochichos revolucionários isolando-se, como Sérgio, comunista a princípio, depois trotskista, indeciso afinal, propenso a confusos estudos sobre feitiços do Egito.

Aquele engenho de ator, faculdade horrível de mascarar-se, despersonalizar-se, aterrava-me. Procurei desanuviar-me na companhia de indivíduos regulares. Ao centro, em uma longa mesa, havia sempre alguns tabuleiros de xadrez. Pompeu Accioly apoderava-se de um, resolvia problemas difíceis, explicava a embasbacados pexotes os lances de partidas célebres. Perto, uma vitrola moía discos. Vergílio Benvenuto, o pijama aberto a exibir o peito cabeludo, saracoteava, balançava a enorme gordura, amolecido com os sambas de Carmen Miranda.

– É deliciosa – murmurava de olho aceso, como se visse a cantora.

No Pavilhão retraía-se, fugia às conversas, e durante semanas foi apenas o advogado de Agildo. Ambientava-se na Sala da Capela. Manifestava rara perícia no jogo de *crapaud*, que referia-se a um penoso exílio na Europa, efeito da bagunça de São Paulo em 1932. Imitava a pronúncia lisboeta com perfeição. Vivia atenazado por imagens femininas. Sabendo-me de Alagoas, perguntou-me se conhecia uma sigiraita rica, amiga de aventuras fáceis.

– Sim, de vista. É medonha, um estrepe.

– É deliciosa – protestou Vergílio mordendo os beiços.

Distraí-me ouvindo coisas desse gênero. Mas precisava sentar-me: as pernas moviam-se com dificuldade nas tábuas movediças. Refugiei-me no extremo da sala, onde alguns metros de mosaico me davam sensação de firmeza. Apporelly, embrenhado na paciência, arrumava cartas na mesinha redonda; Moreira Lima, à esquerda, tossia, pigarreava, dizia a alguém pedaços de sua extensa viagem pelo interior, na Coluna Prestes; à direita, Maurício Lacerda riscava uma página de livro, riscava em demasia. Para que riscar tanto? Mais tarde acharia quase todas as linhas com riscos, e não descobriria nelas nenhum interesse.

A narrativa de Moreira Lima chegava-me incompleta e rouca. Depois de falar a um chefe de tribo nu e emplumado, o intérprete velho, meio selvagem, dissera a Prestes: "*Generá*, tuxaua quer que você dê a ele fumo, cachaça e dinheiro. Cachaça e fumo pode dar, mas dinheiro dá para mim: caboclo brabo não tem que fazer com dinheiro." Bororo estragado pela civilização.

Na cama de Maurício Lacerda havia uma colcha de seda rósea, escandalizando os nossos lençóis ásperos, as mantas de lã grosseira. Um tabique ao fundo. Cheguei-me a ele, descerrei uma portinhola, vi um altar, velas queimadas, santos a esconder-se na igreja mudada em prisão. Fechei a porta, voltei a aperuar o xadrez, a entreter-me com as músicas da vitrola. Embora a fome canina tivesse desaparecido, almocei e jantei. Mas à hora do chá as pernas se negaram a descer a escada. Arriei na cama, a gemer, e não consegui dormir.

Apagaram-se as luzes. Os gemidos subiram, e assaltou-me a recordação viva do hospital. Era assim que me comportava naqueles dias pavorosos, a barriga aberta, um pedaço de borracha a furar-me as entranhas. Impossível calar-me. Os gritos renovavam as torturas do hospital. Não havia meio de contê-los. Castro Rebelo, Cascardo, Moura Carneiro e Orlando Melo, deitados nas camas próximas, ficariam a noite acordados por minha causa. A certeza disso me destruía. Forçavam-me a perturbar o sono dos outros. Suponho que essa miserável ideia aumentava as dores. Ergui-me, capenguei até a saleta, caí numa espreguiçadeira. Um guarda amparou-me:

— Que é?

Conhecendo-me os sofrimentos, andou algum tempo a sair e a entrar. Envolveu-me as pernas, colocou-as em cima de um tamborete, puxou uma cadeira, sentou-se junto a mim.

Estava de vigilância, à porta, mas afastou-se dali dois metros para fazer-me companhia. E entrou a conversar, lento, grave e enrugado. Pouco a pouco serenei, pude atentar nas palavras do homem. Resvalamos no diálogo. Era português, chamava-se Marques, tinha trinta anos de serviço. Levantava-se de quando em quando, trazia-me uma xícara de café.

– Obrigado, seu Marques. Não se incomode.

– Ora essa! Beba. Não me custa. Os senhores não são presos, são hóspedes. Janelas sem grades. Então? As grades são lá embaixo. Cá em cima não há grades. Hóspedes. E nós estamos aqui para servi-los.

Esse disparate fez-me rir e afugentou a lembrança do hospital:

– Hóspedes à força. Bonito.

– Ah! Isso é outra coisa. Não sei da vida dos senhores lá fora. Nem quero saber. Aqui são hóspedes.

Major Nunes apareceu, estranhou ver-me desperto à meia-noite, as pernas entrapadas:

– Doente?

– É. Deve ser falta de nutrição. Uns quinze dias sem comer.

– Pois não há motivo para uma pessoa morrer de fome – disse o velho. – A comida chega para todos. Eu ainda não recebi verba para alimentar vocês. Os presos políticos estão sendo sustentados com a boia dos presos comuns. E o que temos dá de sobra.

– Onze mil-réis por dia para a manutenção de um homem. Ouvi dizer. Na Colônia Correcional não gastamos a décima parte disso. E éramos novecentos. Bom negócio a nossa morte.

O diretor saiu, demorou-se um pouco no exame do longo dormitório. Achou as coisas em ordem. Voltou, correu a vista pelos instrumentos da marcenaria improvisada e retirou-se. Nunca vi funcionário compenetrar-se tanto dos seus deveres, sempre disposto a infringi-los. Parece que o regulamento lhe servia para fazer tudo pelo avesso. Como um pai de família bonachão e confiante deixava ao alcance dos nossos instintos formões, goivas, escopros e martelos.[1] Não se conservaria no cargo, disse comigo. Na Detenção haviam-nos tomado até cordas.

Fugia-me o sono, mas provavelmente não me achava tão mal como supunha no isolamento e no escuro, a rolar no colchão e a gritar. Podia ficar imóvel, ouvir as histórias do guarda, a vida de criminosos exaltados muitos anos antes na crônica policial. Curvado nas pranchas dos cavaletes, Nemo Canabarro Lucas se embebia num grosso volume, à luz curta da lâmpada envolta na pantalha de jornal. Com certeza se enchia de matemática. Barulho de passos: Amadeu Amaral Júnior andava inquieto, surgia à porta como um grande fantasma, desaparecia na sombra. Dormira o dia inteiro, nem tinha descido para as refeições; homem de imprensa, habituara-se a viver à noite. Alguém exigia silêncio. Amadeu Amaral Júnior não fazia caso disso. Sentava-se afinal perto de Nemo, escrevia rápido, como se estivesse numa redação. Levantava-se, ia procurar assunto no ruidoso passeio, novamente abancava, o grosso punho movia-se no papel. Marques narrava-me a existência dos presidiários e concluía:

— Antigamente eles não tinham essa liberdade que têm hoje. Fumam na presença de um guarda, parecem donos disto.

Ia buscar uma xícara de café, ajeitava-me nas pernas a manta, volvia à ideia suspensa.

— Existia disciplina. Acabou-se a disciplina. Fumam na presença de um guarda. Está errado.

---

1 Ferramentas usadas por artesãos para talhar peças de madeira, metal ou pedra [N.E.]

Pretendi convencê-lo de que estava certo; Marques não admitia razões.

– Quantos crimes se davam aqui por mês naquele tempo?

– Alguns

– E atualmente?

– Ora! Não se trata disso. Já não há crimes, é verdade, mas precisamos disciplina.

O ótimo sujeito ganhara cabelos brancos e rugas no ofício desagradável, e para aguentar-se nele julgava necessário exibir aspereza. Estendendo-me a xícara de café, perguntava com voz dura:

– Está melhor?

Essa incongruência manteve-me acordado várias horas. Amorteciam-se as dores; as lembranças do hospital atenuavam-se. Adormeci pela madrugada.

capítulo 4

A LEMBRANÇA do hospital se agravava quando me abatia preguiçoso no colchão, de barriga para cima, a olhar os casebres do monte, os indivíduos que subiam e desciam a ladeira vermelha. E o desejo me chegou de narrar sonhos, doidice, rumor de ferros na autoclave, os gritos horríveis de uma criança, um rosto sem olhos percebido na enfermaria dos indigentes e as ronceiras pancadas de um relógio invisível. Já me surgira a ideia de escrever isto. Voltava agora com insistência. Naquele tempo, no delírio, julgava-me dois. A parte direita não tinha nada comigo e se chamava Paulo. Estava podre. Clemente Silveira poderia facilmente separá-la de mim, serrar-me pelo meio, deixar o lado ruim no mármore do necrotério, deixar o outro viver. Essa estupidez, que me assaltara na Colônia, regressava com força grande, impunha-se. Homem sem olhos, pavorosa máscara de esparadrapo, horas a pingar fanhosas num relógio invisível; o pensamento louco de conseguir desdobrar-me, enviar ao cemitério a banda estragada. Porcaria. Enfim a necessidade urgente de escrever dois contos: pegar de qualquer jeito o relógio do hospital e Paulo. Seriam contos? Não sei fazer contos: precisava livrar-me daquilo, afastar o hospital e dormir. Dormir, não ver o morro que me perseguia, barracos ocultos em folhagem, o burro e a cabra imóveis, transeuntes a descer, a subir. Desenrosquei-me, desci da cama, tirei da valise os petrechos fornecidos por Moreira, o guarda moço de olho vivo, fui sentar-me bambo a mesa do centro, junto a baralhos sujos e tabuleiros de xadrez.

— Uma partida de *crapaud*, Jorge — convidavam na vizinhança. Jorge El-Jaick, um árabe esgrouviado, concordava sempre:

— Sim, podemos.

Nunca lhe ouvi outras palavras depois do convite. Nascido no Brasil, perfeitamente nacional, já nem sabia que era filho de mouros. Perto dele, de Pompeu Accioly, entrei a mexer no relógio do hospital, vagaroso. Vagarosos, eu e o relógio. O tique-taque se arrastava com preguiça, e a composição também rolava assim. Duas, três linhas, suspensão e bocejos. Desviava-me da folha, distraía-me ouvindo os comentários de Pompeu Accioly ao jogo famoso de Capablanca. Imergia depois no trabalho, jogava com esforço no papel o homem sem olhos, máscara de esparadrapo vista na enfermaria dos indigentes, a agonia da criança, os ferros na autoclave, delírios, a impertinência do mecanismo roufenho e desconchavado. Francisco Mangabeira, Chiquinho Égalité, como dizia Gikovate, mudava os discos da vitrola. Os irmãos Cunha respondiam a consultas de Hermes Lima. O professor Leônidas Resende, inerte e silencioso, escondia-se debaixo do lençol e do sorriso cortês e frio. Amadeu Amaral Júnior, descoberto e quase nu, ressonava. A composição me trazia enorme cansaço, deve ter rolado bem uma semana. De quando em quando emperrava. Certa manhã, depois do café, esbaforia-me nela enquanto em roda se espalhava uma desordenada mistura de conversas. Com a mão a pesar-me no ombro, Agildo Barata seguia a escrita.

– Isto é contra mim? – disse alguém.

Suspendi a tarefa, divisei a figurinha do major Nunes junto à mesa.

– Não, não vale a pena. De repente chegam as transferências e perco a minha literatura sobre cadeias. Já me aconteceu isso duas vezes. Estou arrumando coisas inocentes.

– Esteve aqui um sujeito. Fulano. Conhece? Filho da puta. Em poucos meses conseguiu liberdade e atacou-me num livro. Esses jornalistas são uns filhos das putas.

– O homem andou com acerto – respondi. – É o que vou fazer quando estiver solto. Não há lá fora o risco de nos tomarem os originais.

O velho riu grosso. E, falando sério:

– Como é que você pode escrever no meio deste barulho, o Agildo pendurado num ombro?

Saiu, voltou, chamou-me à saleta, abriu uma porta vizinha a escada, introduziu-me numa oficina de encadernação. Todas as mesas estavam ocupadas, máquinas e operários moviam-se ruidosos.

– O serviço acaba às três horas – explicou major Nunes. – Traga para cá os seus troços à tarde. Chame um faxina, mande fazer café no maçarico, tranque-se. Ninguém o incomoda. Fica em sossego até a noite.

Agradeci. Boa ideia. Mas despedi-me inquieto. E a inquietação muitas vezes reapareceu no futuro. Seria possível, recebendo o favor e os sorrisos, ver com imparcialidade aquela personagem? Se tentasse descrevê-la, talvez propendesse a exagerar-lhe a benevolência. Parecia-me injusta a acusação do jornalista, embora não a tivesse lido. Isso me perturbava, levava-me a buscar refúgio em pensamento oposto, dizer a mim mesmo que um funcionário da polícia nenhum obséquio nos fazia em ser lhano e com certeza se mostrava generoso para amolecer-nos, comprar-nos. Inclinava-me então a escusar a dureza do jornalista. Se exibíssemos ao público as amabilidades imprevistas, acabaríamos por tornar a cadeia um lugar desejável, mostraríamos conivência infeliz com os nossos opressores.

Da vaga narrativa que me flutuava no espírito resolvia--me a afastar uma bondade suspeita. Reconsiderei, a falta de sinceridade estragaria sem dúvida a história. Afinal o bom trato que me concediam ressaltava os dias intermináveis de jejum, o sono curto no chão molhado, a ficha amarela, as grosserias de selvagens bêbedos. Impossível esquecer o porão do *Manaus* e a Colônia Correcional. Achava-me doente, arrasado, vivia com uma teimosa resistência. O guarda zarolho confessara abertamente o desejo de matar-nos. A oferta do major, as xícaras de café e a paciência do velho Marques não eliminavam esse desígnio sinistro. Nem atenuavam sérias amolações que ali existiam, apesar de estarmos agora em ambiente civilizado. Era penosa a convivência inevitável com pessoas diferentes de mim; certas opiniões afligiam-me; a voz áspera de Amadeu Amaral Júnior intensificava-me as dores. E atenazava-me o receio de voltar à Colônia, viajar outra vez no porão do *Manaus*. Duas semanas, ausentes os encadernadores, ia isolar-me na sala atravancada, apossava-me de uma banca pulverosa e embrenhava-me a custo em sofrimentos velhos. Findei o "Relógio do Hospital" e o desvario a que me desdobrara. Iniciei o terceiro conto. Mas esse era lastimoso e pingava com extrema dificuldade. Realmente a composição marchava sem dar-me interesse; absorvia-me nela para livrar-me das conversas tumultuosas, de confidências e planos insensatos. Desânimo. Pouco provável quererem os jornais brasileiros aceitar-me a colaboração. Restava-me passar os contos a minha mulher, pedir-lhe que os datilografasse e enviasse a uma revista argentina. Pagariam setenta e cinco pesos por eles.

capítulo 5

AS VISITAS se realizavam às sextas-feiras, no Cassino, pavimento superior de uma casa vizinha à nossa prisão. Embaixo, uma sapataria, de rendimento escasso. Perto, a alfaiataria, dirigida pelo Sousa, um tipo digno em excesso. Metido na roupa ignominiosa, onde as listras, muito lavadas com ácido cítrico, desmaiavam, tinha a grave compostura de um negociante próspero; e exibia um desinteresse na verdade estranho naquele meio. Os faxinas me pareciam gananciosos, estavam sempre a receber pequenas gorjetas. Com vergonha de apresentar no Cassino a roupa machucada, suja, um rasgão considerável no forro do paletó, pedi ao alfaiate que a endireitasse. O homem fez o trabalho e recusou o pagamento.

– Ora essa! – teimei surpreso e um pouco humilhado. – Faça o favor de dizer quanto devo.

E estendi-lhe uma nota. Sousa nem a olhou: deu-me as costas, a apresentar zanga. Sexta-feira, logo depois do café, iniciávamos os arranjos. Largavam-se os trapos ordinários, amarravam-se gravatas, o barulho dos tamancos se reduzia, na saleta indivíduos se barbeavam com exagerada pressa. Melhorávamos o exterior e íamos debruçar-nos às janelas, examinar o pátio, esperando que algum parente ou amigo conseguisse avistar-nos antes da hora. Os casais separados viviam a imaginar encontros de exceção, forjavam-se pretextos engenhosos para obtê-los. O diretor se deixava engabelar às vezes:

— Qual é a mentira de hoje? Festa de aniversário, viagem, profissão?

A companheira de um oficial ia ao extremo nesses embustes.

— Eu alcanço tudo — confessou em voz baixa na secretaria. — O major é uma banana.

Alguém escutou a frase, e o cochicho infeliz chegou aos ouvidos do major, que desabafou mais tarde:

— Que é que vem pedir? Qual é a mentira? Você me chamou de banana. — A criatura empalideceu e tremeu. — Pois eu lhe vou provar... tornou o velho furioso. Preste atenção. Vou provar... que sou uma banana mesmo. Que é que você quer?

Ao meio-dia escancaravam-se os portões, e de longe percebíamos saias em quantidade e uma algazarra alegre. Poucos homens. Descíamos rápidos, em alvoroço, passávamos grades de ferro, subíamos uma escada, entrávamos no Cassino. E os pares se formavam nas filas de cadeiras juntas aos muros longos. Esquecíamos o ambiente e resvalávamos nos casos pessoais; era como se não estivéssemos em público. Expansões íntimas, beijos, segredos a rolar num burburinho. Era enervante o ruidoso prazer minguado. Uma linda rapariga se altruçava a um tenente. Pobrezinha. Casara no mês anterior à desordem, e só podia ver o marido naquela situação precária. Suspiros, soluços estrangulados, espasmos lentos.

A pequena distância dos amores incompletos zumbiam conversas ponderadas, arrastavam-se negócios, projetos realizáveis num futuro cheio de incertezas. Numa dessas reuniões, a primeira ou segunda em que figurei, minha mulher apresentou-me alguns livros e uma revista literária. Abri um volume, *Usina*, de José Lins, vi uma imprudência: dedicatória a mim. Além disso o escritor me remetia um desconchavo a lápis na capa da revista. Bobagem. Rasguei a página, meti-a no bolso, joguei um conselho:

– Diga a José Lins que deixe de ser burro. Dedicar-me o romance quando eu estava na Colônia foi temeridade, não valia a pena arriscar-se. E enviar bilhetes é doidice. Se ele quiser falar comigo, mande um recado por seu intermédio. Coisa verbal, nada de escrita. Pedacinhos de papel como este, caindo em certas mãos, trazem uma pessoa para cá. E não nos interessa a companhia de José Lins.

Estive a folhear os outros volumes: novelas estrangeiras oferecidas por José Olímpio, *Mar Morto*, de Jorge Amado, a *Luz no Subsolo*, de Lúcio Cardoso. Pensei nos meus originais encalhados na tipografia, pedi notícias:

– E essa droga não vai para diante?

Ainda em provas. Diabo. As amostras de ficção nacional pesavam-me nos joelhos e me traziam desassossego. Estaria o editor com receio de comprometer-se, perder a tiragem?

A infeliz ideia me frustrava o desejo de emendar os contos: não seriam publicados. E a preguiça tinha desculpa. Retirei-me num desânimo estúpido. Aquela hora Vergílio Benvenuto arrimava-se a uma janela, estendia os olhos às visitantes que regressavam, desapareciam no lusco-fusco além dos portões. Ficara ali de pijama, a chatear-se, pôr discos na vitrola, remoer lembranças. Via saias distantes e expandia a irritação numa aspereza segredada:

– Malucos. Excitam-se, excitam as mulheres à toa e vêm deitar-se. Elas saem para a rua num fogo dos diabos. Precisam corneá-los, está visto. De quem é a culpa? Deles.

Abandonei o conto chinfrim, meti-me alguns dias na leitura dos romances. Estranhei ver José Lins afastar-se da bagaceira e do canavial, tratados com segurança e vigor em obras anteriores, discorrer agora sobre Fernando de Noronha, onde nunca esteve. Um crítico absurdo o julgara simples memorialista, e o homem se decidia a expor imaginação envolvendo-se em matéria desconhecida. Pessoa de tanta experiência, de tanto exame, largar fatos observados, aventurar-se a narrar coisas de uma prisão distante. O indivíduo livre não entende a nossa vida além das grades, as oscilações do caráter e da inteligência, desespero sem causa aparente, a covardia substituída por atos de coragem doida. Somos animais desequilibrados, fizeram-nos assim, deram-nos almas incompatíveis. Sentimos em demasia, e o pensamento já não existe: funciona e para. Querem reduzir-nos a máquinas. Máquinas perras e sem azeite. Avançamos, recuamos – nem sabemos para onde nos levam. Zanguei-me com José Lins. Por que se havia lançado àquilo? O admirável romancista precisava dormir no chão, passar fome, perder as unhas nas sindicâncias. A cadeia não é um brinquedo literário. Obtemos informações lá fora, lemos em excesso, mas os autores que nos guiam não jejuaram, não sufocaram numa tábua suja, meio doidos. Raciocinam bem, tudo certo. Que adianta? Impossível conceber o sofrimento alheio se não sofremos.

O começo do livro de José Lins torturava-me. Quase desejei ver o meu amigo preso. Recusei a afirmação de que a presença dele não nos interessava. Se ele estivesse conosco, jogaria no papel com firmeza as nossas almas aflitas, a morte a pingar, dias, meses, em porões, em cárceres úmidos. Lembrei-me das palavras de Medina, alguns dias antes da minha viagem à Colônia. Seria bom eu viver lá, observar aquilo. Engano. Arrasara-me, o espelho me exibira um vagabundo monstruoso – e as notas arrumadas com lentidão estavam debaixo da esteira, na cama suja de hemoptises. Esforço perdido. Não me seria possível reconstituir Gaúcho, Paraíba, seu Mota, guardas ébrios, o diretor magro, Alfeu a dar pontapés num molambo de gente. Isso era trabalho para José Lins, retratista de almas, capaz de movimentar uma sociedade. Senhores de engenho, trabalhadores do eito, sinhás-moças, negras velhas mais ou menos escravas, mexiam-se à vontade na obra séria do romancista excelente. Bueiros, caminhos, árvores e rios, canaviais. E pessoas vivas. Tudo vivo. A tia medonha, as primas, estavam vivas. E os lugares também viviam. Agora, comprometido e célebre, dava-nos coisas mortas. Para que, Deus do céu? A exigência do leitor ou do crítico não deveria levá-lo a desonestidade. Afastei a palavra dura. Não era bem isso. Ingenuidade, sim, ingenuidade. Esperávamos dele a experiência. Surpreendi-me a dizer coisas tolas:

– Somos sapateiros. Devemos fazer sapatos, bons sapatos. Para que fabricar pulseiras e brincos? Sapateiros, bons sapatos.

Os meus sapatos ainda apresentavam nódoas de lama vermelha. Necessário engraxá-los. Essa mistura me desagradava. Finda a leitura, mandei encadernar o volume, com a ideia de recolher autógrafos nele. Perdidas as notas, essas letras me avivariam recordações mais tarde. Sem dúvida muitos caracteres se diluiriam no tempo, casos miúdos se esfumariam sem deixar vestígio, mas talvez resistissem as personalidades fortes, ações firmes, um diálogo, um gesto inesperado. E iniciei a colheita por Walter Pompeu. Walter agarrou a pena, encheu uma página de frases amáveis. Folheio agora o livro, e reaparecem-me, logo no começo, Agildo Barata, Castro Rebelo, Gikovate, Cascardo, Moura Carneiro, Maurício Lacerda, Karacik. As assinaturas vão até a folha 257. Algumas são curiosas. A de Moreira Lima hesita e ondula, quase ilegível; a de Apporelly encerra-se numa oval; a de Francisco Mangabeira está feita em duas linhas. Consegui mandar o romance ao Pavilhão dos Primários, e recebi os nomes dos companheiros de lá, Benjamin Snaider, Rodolfo Ghioldi, Sérgio, Valério Konder, os dois Campos da Paz, Lacerdão. Realmente numerosas criaturas desbotam hoje no papel e dentro de mim. Outras surgem com relevo. A folha 249, Agrícola Baptista, o Tamanduá, aparece-me de volta da Colônia, meio nu, sujo, magro, barbudo, o crânio liso. Um sujeito causou-me surpresa.

– Deixe aqui o seu jamegão, Luís.

Luís de Barros pegou o livro, esteve alguns minutos a percorrê-lo, minucioso, e perguntou com voz dormente:

– Para quê?

– Ora essa! Quero guardar uma lembrança de vocês.

O homem recusou-se:

– Não topo. Não caio em provocação.

Ressenti-me:

– Qual é a provocação? Maluqueira.

– Sou prudente, não sei para que é que isso vai servir.

– Está bem. Não insisto.

Luís de Barros continuou a eximir-se, afetando excessivo receio. O fingimento, dias antes percebido, me enjoava.

– Não devemos confiar em ninguém. É preciso termos prudência.

Ficou dez minutos a explicar-se, mordendo um sorriso, mastigando as palavras. Em seguida escreveu o nome com muita clareza na folha 25.

capítulo 6

AMADEU AMARAL Júnior anunciou-me ruidoso uma novela. Era nisso que trabalhava à noite. Durante o dia roncava, branco e nu, mordido pelos percevejos. Erguia-se, arreliava-se à toa, dizia algumas inconveniências, tornava a deitar-se. Depois das onze mexia-se para um lado e para outro, os pés enormes batendo os tamancos sujos com grande barulho. Não dormia nem deixava os vizinhos dormirem. Nunca vi pessoa tão egoísta. Abeirava-se da mesa, sentava-se num banco, mastigava fatias de salame, escrevia junto a Nemo Canabarro Lucas, uma estátua curvada sobre o compêndio.

Novela. Resignei-me a escutar a novela; realmente com má vontade, lembrando-me do conto lido meses atrás no Pavilhão. Naquele tempo grassava na cadeia uma epidemia literária. Os militares abandonavam a tática e a estratégia, pendiam para a ficção; Agildo Barata e Álvaro de Sousa tinham feito romances, na verdade relatórios sobre a luta no

3º Regimento. O de Agildo não era muito ruim, tinha pelo menos um capítulo razoável. A história de Amadeu Amaral Júnior deixou-me enervado e besta. Não estava mal escrita – nem bem escrita. Não havia nela um chavão – nem uma ideia. Pronomes no lugar direito, o pequeno vocabulário em ordem, nada mais. Uma dessas coisas que nos dão azia e contrações no diafragma. Que diabo queria Amadeu Amaral Júnior dizer com aquilo?

Finda a leitura, fiquei em silêncio, de cabeça baixa, procurando um elogio em vão, estúpido. Nunca me comporto assim. No desagradável papel de juiz em casos de literatura incipiente, reduzo os defeitos e exagero as coisas boas que porventura existam. Arrisco alguns conselhos, depois me desdigo, posso estar enganado. Os principiantes não devem confiar nas minhas fracas luzes obtidas com vagar no interior e na solidão. Posso estar em erro. Enfim, não sou franco. E é bom não sermos francos, suponho. Ignoramos as possibilidades da criatura que nos exibe um trabalho ordinário. Hoje é trôpega e amanhã dá um salto. Desenvolvemo-nos em saltos imprevisíveis. Aliás, os autores novos querem apenas enganar-se quando nos exigem sinceridade: valorizam a aprovação infalível, não têm força para andar e buscam arrimar-se numa autoridade imaginária. Se fôssemos honestos, se zangariam. Fizeram obra excelente e desejam que afirmemos isto. A novela de Amadeu Amaral Júnior deixou-me em horrível constrangimento. Vazia e de vacuidade contagiosa. A minha frieza levou o rapaz à cólera. Já se havia comportado assim no Pavilhão, ao mostrar-me o conto. Era um escritor, e as opiniões dos outros não tinham para ele nenhuma importância. Era um escritor. Causava-me desgosto a repetição burlesca e estridente; não me aparecia o mínimo desejo de oferecer ao moço uma generosa mentira. A vaidade inconcebível mantinha-me em reserva hostil. Uma dúvida me chegou: seria a composição que me desagradava ou o homem? A voz áspera me arranhava os ouvidos como lixa, era-me impossível ouvi-la sem irritar-me, e isto me prejudicava o julgamento. Considerava-me injusto. A novela não prestava, mas talvez não fosse tão má como eu supunha. Apesar disso, a impressão ruim permaneceu e afastou-me da criatura que se gabava. Um escritor. A pimponice ridícula me aborrecia. Perfeito exemplar da raça nórdica, superior. Olhos azuis, músculos rijos, pés enormes nos tamancos sujos, barulhentos. E era aquilo: nem me dava a oportunidade comum de largar, condescendente, alguns adjetivos malucos.

Fui refugiar-me no fim da sala, na firmeza do mosaico, perto do altar. O soalho instável fazia-me pensar no porão do *Manaus*. E as palavras de Amadeu Amaral Júnior agravavam-me as dores, feriam-me, entravam-me nos ossos como pregos. Os meus ossos decompunham-se; esta miserável impressão continuava a perseguir-me; ia mudar-me numa trouxa bamba, sem esqueleto. Agora já não era preciso mexer-me em pranchas movediças; pisando terreno firme, consolidava-me um pouco. Maurício Lacerda riscava sem descanso as páginas da brochura. Sentado à mesinha redonda, Apporelly arrumava cartas. Homem capaz, não se resolvia a parir o excelente livro que tinha na cabeça, desperdiçava as longas horas consultando o baralho. Ainda uma vez considerei-me injusto, desarrazoado. Como julgar boa a obra de Apporelly, ainda não escrita? Devia ser boa. Possibilidade, probabilidade. A de Amaral era horrível, não porque estivesse mal escrita, mas porque não tinha nada no interior. Havia-me sujeitado a ouvi--la sem atenção, predisposto a julgá-la ruim. E inclinava-me a supor que a obra de Apporelly fosse magnífica, obra ainda vagamente planeada. Pensamentos anteriores, dois, três anos anteriores às tábuas carunchosas, davam-me a certeza de que ele faria, se quisesse, coisa séria. Surpreendi-me a comparar essa coisa séria, nebulosa, com outra realizada, a história chinfrim de Amadeu Amaral Júnior, ouvida com desgosto. Achava-me a comparar trabalhos inexistentes, alargava-me em opiniões sobre eles. Como estabelecer a comparação? E enraivecia-me ver Apporelly gastar precioso tempo no exame de cartões pintados e Amadeu consumir noites em cima dos cavaletes, enchendo papel com tolices, mordendo fatias de salame e aperreando Nemo Canabarro Lucas, embrenhado na matemática.

capítulo 7

WALTER POMPEU cortou-me o almoço e o jantar. Sentava-se à minha direita, na primeira mesa. E, percebendo o horror que me inspira o homossexualismo, iniciou um jogo desonesto no refeitório. O horror se atenuava naquele meio; a relatividade moral se impunha, era absurdo pretender que indivíduos sujeitos anos e anos ao regime carcerário procedessem como pessoas livres. Necessário justificá-los. Mas isso ficava em explicação, e afastava-me dos corpos imundos com excessivo nojo. Esforçava-me por vencer a repugnância. Poderia dizer onde estava o normal, o anormal? Certo dia, barbeando-me na saleta, vi no espelho o mulato Pernambuco, faxina, em namoro com um rapazola penteado e lânguido. Pernambuco acendia os olhos, cofiava os bigodes, um sorriso largo a espalhar-se em toda a cara; o outro, encostado a uma janela, cruzava as mãos no peito, inclinava a cabeça, afetando maneiras pudicas e virginais. O safadinho percebeu que estava sendo observado e entrou a fazer sinais ao amigo, apontando-me. Nessa altura Moreira entrou, viu a manobra e desatinou:

— Cachorro, sem-vergonha.

O casal escapuliu-se, desceu a escada.

— Ora essa! — intervim. — Para que esses excessos? Não há motivo.

— É um sem-vergonha — insistiu o guarda.

Tentei defender o rapaz.

— Não é ele só. Qual é a proporção dos pederastas aqui?

— Nem sei. Uns noventa por cento, mais ou menos.

— Então? Quase tudo.

— Mas esse é um porco.

— Tudo é porcaria.

— Não senhor. A porcaria desse é pior que as outras.

A severidade me surpreendeu. Moreira admitia o principal e recusava a minúcia. Afinal o procedimento daqueles indivíduos explicava-se pela necessidade, mas seria preciso imaginar que também os atos do garoto, julgados porcos sem nenhuma explicação, deviam constituir uma necessidade para ele. Comentei isso com vários companheiros, esforçando-me por desculpar os infelizes e sem poder ocultar uma profunda aversão. Gikovate admirava-se. Não estava provado que Pernambuco e os outros fossem infelizes. E o nojo violento era absurdo: eu dava a impressão de inocentá-los e condená-los. Distanciando-me deles, o normal seria conservar-me indiferente. Walter Pompeu tirou vantagem das minhas disposições contraditórias. Abancava a meu lado e, antes de iniciarmos a refeição, indicava o moço que nos servia:

— Olhe a cara do Aleixo. Coitado, é um infeliz. Você tem razão.

Ficava um instante a comiserar-se, hipócrita. E, em seguida:

– Você tem coragem de comer isso? Vou jurar que os talheres estão sujos de esperma.

Rosnando impropérios, desviava-me do prato, nauseado:

– Canalha. Filho de uma puta.

Walter ria como um doido. Consumia voraz a ração, depois se apoderava da minha. Tentei localizar-me noutra mesa, Walter ameaçou acompanhar-me. E a mudança não valia nada, explicou: todos os copeiros eram como Aleixo. Essa brincadeira se fazia uma, duas vezes por semana. Erguia-me zangado, voltava à sala; a zanga desaparecia logo: ao cabo de meia hora a pirraça de caserna me causava riso. Atraía-me na verdade aquele espírito alegre, de uma alegria ruidosa e inconveniente, amigo de provocações ingênuas e engraçadas. De ordinário só se aproximava de mim para dizer qualquer coisa desagradável. Expandia-se, azuretado e sonso

– Aqui você está bem. Amigos, gente da sua classe, muitos literatos: Leônidas, Castro Rebelo, Hermes, Gikovate, Apporelly, está bem. Mas não demora. Com certeza vão mandá-lo de novo para a Colônia. Isto é uma suspensão. Vai ganhar força para morrer devagar. A comida é boa.

Indignava-me:

– Tenha vergonha. Como fala em comida, se me toma o prato e me deixa de estômago vazio? Preciso alimentar-me, Walter, estou arrasado.

Walter fingia condoer-se:

– É o diabo. Afinal você engordou. Não come porque tem nojo do Aleixo. Mas está bem. As conversas do Castro, seu vizinho, são magníficas, aprendemos com elas. Sabe o que ele me disse? Aqui todos têm derrapagens sexuais. A sua...

– Qual é a minha, Walter, na opinião de Castro Rebelo? Sou homossexual?

– Não. Ele acha que você é um depravado com mulheres. Admite excessos horríveis.

Atirava palavrões cabeludos:

– Foi o que ele me disse

– Espere, Walter – interrompi quando o oficial me falou assim pela primeira vez. – Vou tirar isso a limpo.

E avizinhei-me de Castro Rebelo. Nas pausas das minhas dores, entretivera-me a falar com ele a respeito das anomalias existentes na cadeia. Os atos me pareciam anômalos por exercer-se entre indivíduos do mesmo sexo, mas se se realizassem entre pessoas de sexo diferente, não seriam anômalos. Castro concordara. E não buscamos razões para isso. Dias depois, num grupo, havíamos tocado o mesmo assunto. Eu sustentara a ideia, contra a opinião geral. Castro me apoiara: "Sem dúvida. Num dos casos existe desvio de sentimento; no outro surge um sentimento novo." Não era o que eu pensava: esquecia-me dos sentimentos. Apenas o contato de homem me produzia enjoo. O hábito nacional de nos abraçarmos de leve e o simples aperto de mão me davam desgosto. Ao sentir nos dedos um ombro suado, retraía-me cheio de asco: precisava lavá-los. Contudo o suor da mulher me excitava e envolvia. Recordava-me da nossa palestra, chegando-me a Castro Rebelo.

– Muito obrigado. O Walter me transmitiu agora a sua classificação. Disse onde o professor me colocou. Podia ser pior.

Castro Rebelo fechou a cara:

– Isso é mentira de Walter. Não falei no seu nome. Walter é um potoqueiro.

E, noutro tom:

– Aliás o senhor não nega. – afastei-me rindo.

– Vão mandá-lo para a Colônia – insistia Walter Pompeu. – Esteja certo. Quando melhorar, embarca para a Ilha Grande. Ou para Fernando de Noronha, num porão.

– Bobagem. Não tenho processo.

– Com processo, havia a esperança de ser absolvido. Como está, não há jeito: vai para a Ilha Grande.

Punha-me a refletir:

– É. Talvez seja o nosso fim.

– Nosso uma ova. O seu, o dos outros paisanos. Eu sou oficial do exército. Comigo não mexem.

– Nessa pilhéria há realmente uma convicção, um engano. Vocês, milicos, são incorrigíveis. Guardam a prosápia que tinham na caserna.

Essas fumaças iam dissipar-se em breve, mas por enquanto os militares ainda não se julgavam demitidos. Vestiam fardas, e nas assinaturas deixadas no romance, dias atrás, muitos haviam conservado os postos: capitão Moésia Rolim; José Gay da Cunha, segundo-tenente de aviação; Álvaro Francisco de Sousa, capitão do Terceiro Regimento, na Praia Vermelha; capitão José Leite Brasil; Joaquim Santos, segundo-tenente do Exército Popular Nacional Revolucionário. Certamente alguns esperavam tornar ao serviço. A chegada de Sócrates Gonçalves esfriou-os um pouco. Sócrates nos apareceu magro e sujo, com os punhos feridos: viajara muitos dias em caminhão, os braços amarrados. Contou-me a sua pequena aventura chinfrim. Conseguira passar a fronteira e fora agarrado no Paraguai. Recebendo ordem para varrer a prisão, recusara-se, digno. Tinha graça um oficial do exército brasileiro servir de faxina à polícia de um país vagabundo. Suportara uma chuva de pancadas e resolvera abandonar a resistência, pegar a vassoura.

– Eu andava cheio de preconceitos idiotas – explicou-me sério. – Julgava-me capitão. Deixei essa fantasia e varri.

Estávamos na calçada estreita do refeitório, à sombra de uma árvore, olhando o pátio exíguo, onde uns vinte rapazes faziam ginástica. A direita, o muro alto; à esquerda, nas celas, um fervilhar de cortiço. As grades não se fechavam durante o dia, e gente se movimentava sem cessar, dos cubículos para a Sala da Capela. A escada velha se abalava com forte rumor, só à noite repousava. Concluída a narrativa, Sócrates examinou o muro, atento, como se o quisesse medir; deteve-se um instante nos cubículos, na porta que nos separava da Casa da Ordem; voltou a correr o muro com a vista; mergulhou os dedos na barba ruiva, muito crescida:

– Precisamos arranjar meio de sair daqui.

A barba o disfarçara algum tempo, era uma espécie de máscara. Mas não servira: Sócrates estava preso e varrera uma prisão no Paraguai.

– Ah! Preciso fugir. Não fico, não me submeto. Preciso fugir de qualquer modo. Já pensou nisso?

– Fugir? Não. Como? Não pensei. Fugir como? Pretende escalar este muro?

– Não pretendo coisa nenhuma. Não. Mas de qualquer modo tenho de sair. Você tem processo?

– Não. Sou um pobre-diabo.

– Por isso fala assim. Mas eu vou aguentar pena dura. Preciso fugir. Qual é o meio?

– Sei lá. Nunca pensei na fuga. E lá fora as coisas estão piores que aqui. Na opinião dos nossos companheiros, o único lugar onde existe um pouco de liberdade é a cadeia.

Viver uma pessoa a esconder-se, com medo, sem achar trabalho, é horrível. Sócrates não se convenceu.

– Tenho de sair de qualquer jeito.

Era uma ideia fixa: durante semanas voltou a ela várias vezes. Uma sexta-feira entrou no Cassino, mudado, quase irreconhecível: trajava à paisana e tinha raspado a cara.

Esteve a conversar com a mulher. A hora de se despedirem, deu-lhe o braço e retirou-se como um dos outros visitantes. Passou diversos portões. A marosca se evidenciou na secretaria, e Sócrates foi encafuar-se no cubículo. Mas esse desastre não lhe matou os planos de evasão.

capítulo 8

DURANTE o dia achava-me quase bem, chegava a esquecer as dores, mas a friagem da noite me aluía, renovava o pensamento infeliz de que os ossos se decompunham. O receio de incomodar os vizinhos arrastava-me à saleta, jogava-me à espreguiçadeira. O velho Marques, áspero e enrugado, não perdia a paciência.

– Vai ficar bom – afirmava enrolando-me as pernas, oferecendo-me a xícara de café.

Aproximava a cadeira, repetia a vida de criminosos importantes e a disciplina antiga.

– Não vá julgar – disse-me –, que estou aqui ajeitando as suas pernas porque tenho bom coração. É engano. Faço isto por interesse.

– Que interesse tem o senhor? – perguntei surpreso. – Não tenho nada para lhe dar.

– Hoje não tem. Mas eu sei lá se o mês vindouro o senhor vai ser ministro?

Esse disparate fazia-me rir e esquecer o sofrimento:

— Que ideia foi essa?

— Tenho trinta anos de serviço e vi muita coisa. Dr. Fulano e dr. Sicrano, figurões no governo, foram nossos hóspedes. Amanhã rebenta uma revolução e o Ministério sai daqui. Se o senhor for ministro...

— Isso é um absurdo, seu Marques. Sou pequeno demais e nenhuma revolução me eleva.

— Não sei. O Ministério pode sair daqui.

— Mas eu estarei longe dele, homem de Deus. Olhe que dormi nas esteiras da Colônia Correcional, entre vagabundos e malandros. Jogaram-me na Sala da Capela por acaso.

— Não sei. Ignoro a sua vida, e é bom não me falar nela, que não lhe faço perguntas. Se chegar a ministro... — a teimosia causava-me hilaridade. — Perfeitamente — insistia o funcionário grave. — Se chegar, hei de ter precisão de um favor seu. E o senhor se lembra desta conversa e diz: "O velho Marques, quando eu estava doente na Sala da Capela, me dava algumas xícaras de café. Não é mau sujeito." Já vê que tenho interesse.

Uma reflexão desalentou-me o riso. O guarda realmente desconhecia as minhas possibilidades, mas enxergava ali uma loteria e era amável com todos nós, esperando acertar num bilhete premiado. Tinha razão. Numa reviravolta política Hermes Lima, Castro Rebelo e Cascardo recuperariam talvez a importância, poderiam ser úteis a Marques. A excelente criatura ignorava isso e era amável com todos: "Se o senhor chegar a ministro..." Expandia-se:

— Não sei nem quero saber da sua vida. E não lhe vou fazer perguntas, que não mereço confiança, é claro: sou da polícia. Não me diga nada. Se eu souber qualquer coisa, sou obrigado a falar. Aceite o conselho de um homem da polícia. Feche-se, esconda-se. Se tem alguma culpa, não deixe escapar uma palavra. Desconfie de todos. De mim, dos outros guardas, dos faxinas. O senhor está cercado de espiões. Mas desconfie principalmente dos seus companheiros. Todos os dias sai daqui um relatório dizendo o que os senhores fazem. Um relatório, compreende? Eu sou o portador. Hoje pela manhã, ali na mesa dos jornais (indicou as tábuas onde Nemo Canabarro Lucas estudava matemática e Amadeu Amaral Júnior comia salame e redigia a novela chinfrim), o senhor levantou o braço e fechou o punho aos homens do banho de sol, na Casa de Detenção. Lembra-se?

Lembrava-me. Depois do café, interrompendo a leitura dos jornais, entretivera-me a olhar o terraço familiar, a ginástica, esforçando-me por distinguir rostos conhecidos: Surgira a batina de um padre. Diabo. Tinham levado para ali até padres. Que estupidez! A reação estava-se prejudicando. Vozes confusas. Cem metros, duzentos metros. Impossível determinar a distância. Percebiam-se as figuras, pedaços de figuras que se misturavam. Campos da Paz Filho evidenciava-se por causa da gordura do vulto enorme; o resto era massa indistinta. Um sujeito, por detrás do eclesiástico, entregava-se a uma pantomima, fazendo cruzes no ar e batendo nos peitos. Homens gritavam erguendo os punhos. Da mesa dos jornais alguns responderam com o mesmo gesto.

– Lembra-se?

– Mais ou menos. Devo ter levantado o braço.

– Pois isso foi contado no relatório de hoje – disse Marques. – Eu não estava de serviço àquela hora e não podia adivinhar que o senhor tinha feito sinais à gente do Pavilhão.

Soube à tarde, quando li os papéis. Não lhe disse que sou o portador? Já vê que tenho motivo para lhe dar conselho.

Esteve um minuto em silêncio, depois acrescentou:

– E se eu lhe dissesse quem manda esses relatórios, o senhor nem acreditava. Nenhuma suspeita. É isto. O senhor se abre com um amigo, e o que diz vai direitinho à polícia.

Realmente não me abria: era-me impossível qualquer revelação, pois me faltavam segredos. E em geral as conversas me chateavam. Sucedia darem às minhas palavras sentido estranho, responsabilizavam-me com frequência por ideias absurdas. Se tentava explicar-me, envolvia-me num cipoal de equívocos. Além disso não havia jeito de habituar-me à gíria dos rapazes que ainda viviam com um pé na caserna e juntavam peças de roupas civis e fardamentos. Referindo-se a *cérebro,* falavam em *crânio*. E tiravam daí um verbo estapafúrdio, *craniar*, equivalente a *estudar*. Apareciam-me em grupos, atentos, rabiscando pedaços de papel, *craniando* assuntos obscuros em debates cochichados. Às vezes se elevava do burburinho uma aprovação enérgica: "*Batatal. Craniou batatalmente*". Essa linguagem feria-me os ouvidos e afastava-me dos militares. A erudição de Castro Rebelo me causava medo, e talvez se haja associado às minhas dores para retirar-me da cama, jogar-me à saleta.

No meio heterogêneo, cheio de expressões técnicas e frases obscenas, raros indivíduos me prendiam a atenção. Agradava-me escutar os gracejos de Apporelly, fragmentos das viagens longas do bacharel feroz, projetos literários de Hermes Lima. Também me dava prazer a fala engrolada, rápida, baixa, de Gikovate. O judeu passava os dias a ler, os óculos de míope juntos à página. Preso às ideias gerais, esforçava-se por não deformar um pensamento. A exatidão rigorosa era motivo para ele de longos rodeios: não queria enganar-se. A minha ignorância revoltava-o. Abria um livro, rolava um português áspero, gutural, abundante em *rr*.

– Leia em francês, Gikovate. Para que esse esforço? Leia como está no papel.

Gikovate não ligava importância ao conselho e traduzia. Se lhe faltava a expressão, largava pedaços na língua estranha, sem se deter, e prosseguia num português avariado, misturando polaco, alemão, francês, inglês, o diabo. A fala pegajosa ligava-se às minhas orelhas, fazia-me cócegas. Finda a exposição multilingue, o homem se estendia em comentários minuciosos. A palestra do judeu proporcionou-me censuras; notei em redor frieza e hostilidade, enfim percebi que me consideravam trotskista. Esse juízo era idiota e não lhe prestei nenhuma atenção. A vaidade imensa de Trotski me enjoava; o terceiro volume da autobiografia dele me deixara impressão lastimosa. Pimponice, egocentrismo, desonestidade. Mas isso não era razão para inimizar-me com pessoas que enxergavam qualidades boas no político malandro. A opinião delas, nesse ponto, não me interessava. Nunca tentei coagir-me, transigir. Desviava-me da personagem desagradável, impertinente, buscava matéria que não me irritasse.

Expressava-me em voz alta, não era preciso ocultar-me; os bons desejos do velho Marques perdiam-se. O autor do relatório me examinaria sem proveito. A curiosidade me verrumava. Quem seria o autor do relatório? Não sou curioso. E durante meses certos indícios me traziam quase a certeza de achar-me entre espiões. Agora não havia indício: ofereciam-me coisa concreta, e um sujeito me dizia: “Olhe que eu sou o portador." Sem dúvida. Quem teria escrito o relatório? Era bom não saber, mas a pergunta me espicaçava. Quem se teria sujado naquela infâmia? Com certeza um dos tipos que escorregavam como sombras, paravam junto às camas, sornas e bestas na aparência, o ouvido à escuta. As histórias simples de Moreira Lima, as brincadeiras de Apporelly, os planos literários de Hermes, as divagações de Gikovate não lhe haviam fornecido nenhuma indicação. Mas o movimento feito pela manhã junto à mesa dos jornais mencionava-se à tarde. Castro Rebelo me dissera: "O senhor está entre os maiores filhos das putas deste país." A generalização era absurda. Entretanto havia alguns. Havia pelo menos um. Quem seria? A pergunta voltava, embora me esforçasse por arredá-la. De fato seria um desgosto conhecer aquele miserável.

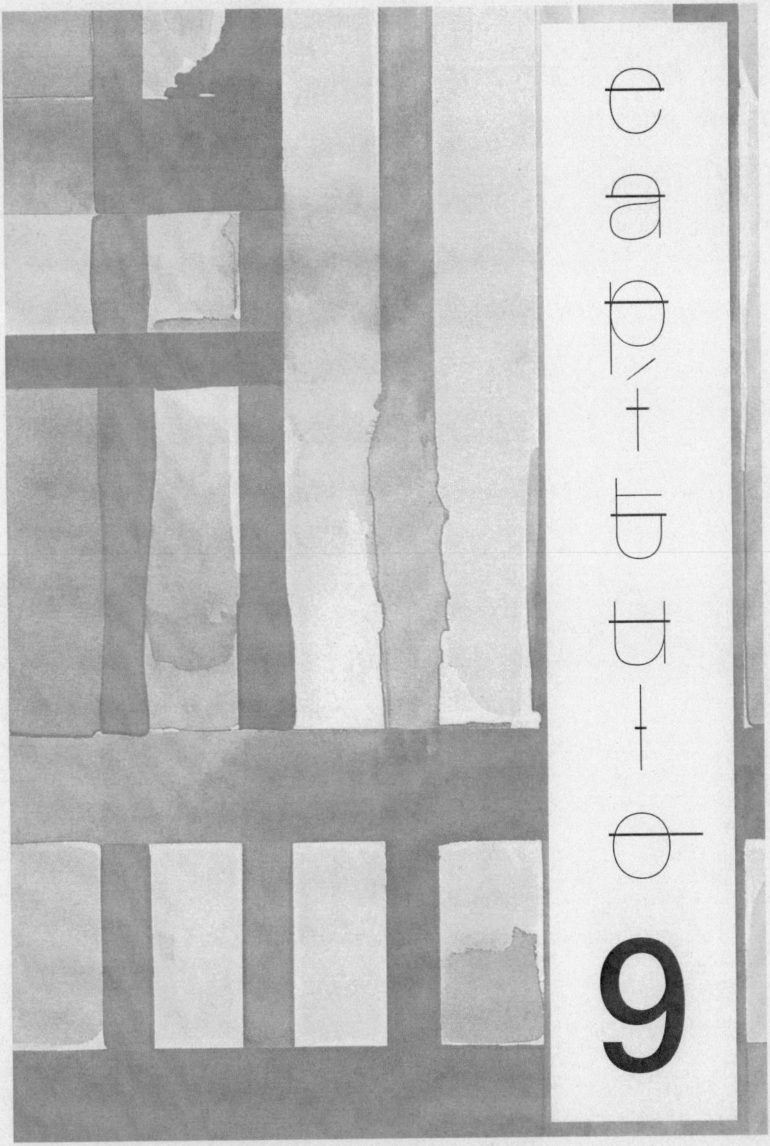

capítulo 9

VOU ARRANJAR-LHE um bom lugar para escrever em sossego – disse-me o diretor uma noite. – Aqui você não melhora. É necessário tratar-se.

No dia seguinte, depois do café, levaram-me à enfermaria, recinto acanhado, onde cubículos formavam círculo em torno do banheiro, ordinariamente sem água, como notei depois. Demorei-me numa saleta, chamaram-me ao consultório médico e um rapaz taciturno examinou-me, prescreveu injeções de vitamina e estricnina. Mas não havia essas drogas na farmácia: era preciso que eu mandasse comprá-las. Essa exigência indignou-me. A encrenca nas pernas tinha-me aparecido em consequência do jejum na Colônia; não me achava preso por gosto e julgava descaramento forçarem-me a gastar dinheiro com remédio. Aperreei-me, aludi a isso por meias palavras. O moço não quis entender: a farmácia estava desprovida. Resignei-me, furioso: encomendaria sexta-feira à tarde as malditas ampolas a minha mulher.

Saí, desemboquei na praça redonda, fui observar uma segunda entrada, oposta à saleta, duas grades a limitar um pequeno vão. No futuro, aquele exagero de segurança espantaría-me. Descerrava-se a grade externa, fechava-se, abria-se a interna, de novo se trancava, e o guarda surgia tilintando chaves. Precaução idiota num asilo de enfermos incapazes de fuga. Na Sala da Capela homens válidos, desejosos de escapar-se, iam e vinham à vontade. Encaminharam-me ao cubículo, o sétimo, se não me engano. Uma cama de ferro, uma banca, um tamborete; ao fundo o lavatório e a latrina. Enfim, depois de tantos meses atribulados, senti o prazer de achar-me só; já não me pulverizava, misturado a outras pessoas. As celas vizinhas estavam fechadas e silenciosas. A distância, além do banheiro, no semicírculo feito entre as duas passagens fronteiras, soavam gemidos, palavrões, tosse rouca. Estive horas a reler, a emendar os contos. Os primeiros, observações do hospital, não eram muito ruins. O terceiro, a minha cólera impotente de testemunha num processo, ao ser interrogado por um bacharel malandro, ainda não estava concluído. História péssima. Em dez linhas terminei-a.

— Almoço — gritaram perto.

Onde? No refeitório comum, a sala estreita e longa, bancos sujos ladeando cavaletes. Para lá me dirigi claudicando, fui sentar-me ao pé de Walter, risonho e provocador:

— Não tem nojo de pegar nesse talher sujo de esperma?

Sumiu-se o apetite. Miserável. Arrastara-me, transpusera diversos portões — e, ao sentar-me diante das pranchas nuas, lá vinha a lembrança torpe: louça imunda. Aleixo não lavava as mãos. Sempre aquilo. Mas antes o meu esforço era pequeno: descer, subir uma escada. Agora andava duzentos metros, capenga, sentava-me, repelia a comida cheio de náusea. O estômago vazio revoltava-se. Com os ossos a desfazer-se, precisava alimentar-me – e o vizinho me desviava do prato, devorava faminto a minha ração. Nunca a luta pela vida me pareceu tão feia e tão dura. Risonho, a pilheriar, Walter matava-me. E era impossível zangar-me com ele, estabanado, alegre, de uma alegria insensata porque andava a anunciar-nos desgraças. Referia-se vaidoso a um livro que fizera: *Ceará Moleque*.

– As pontas da vanguarda... – gritava Rollemberg na mesa próxima. Cochichos de trotskistas pouco adiante, repulsa ao otimismo do capitão.

Ceará Moleque, título esquisito. Repugnância e fastio. Vida porca. Movera-me uns duzentos metros. Para que andar tanto? Recordação dos caminhos enlameados nos montes negros da Ilha Grande.

As pernas arrastavam-se a custo. Novamente no cubículo da enfermaria. A porta era uma chapa de ferro e tinha uma abertura a metro e meio do solo, vigia de vinte centímetros, pouco mais ou menos. Por aí me podiam fiscalizar de fora. A despesa exigida pelo médico ia desequilibrar-me o orçamento. Sangria razoável, na infeliz situação em que me achava. Necessário publicar os contos. Afirmava isto num desânimo completo, estirado na cama, as pernas frias envoltas na manta de lã grossa, olhando com desgosto os papéis abandonados em cima da mesa. Não me decidia a retomá-los, continuar as emendas iniciadas pela manhã. Numa transferência, me veria coagido a atirá-los na água, escondê-los debaixo de uma esteira. Julgava-me imprevidente, mas os braços estavam pesados e a cabeça deserta. A míngua de recursos atenazava-me e não me dava nenhum estímulo. Via-me reduzido a oferecer ao Coletivo dez tostões por semana, a décima parte da contribuição dos primeiros meses. O receio de que se puísse o fundilho da calça torturava-me. E deixara de comprar cigarros: resolvera-me a adquirir mortalhas e pacotes de fumo barato na vendinha estabelecida por um preso comum junto à Casa da Ordem.

Tentei dissipar a morrinha, ergui-me com dificuldade, peguei o tamborete, fui acomodar-me à porta. A dois ou três passos, um sujeito moreno, pálido e magro se abatia, sentado no chão, as costas arrimadas à parede. Puxei conversa, para matar tempo. O homem limitou-se a dar resposta às minhas perguntas, a voz baixa, vagarosa, entrecortada por acessos roucos de tosse. Respirava mal e parecia economizar força; espalhava em torno olhares vagos, indiferentes; sem dúvida tinha preguiça de falar. Chamava-se Vitorino. Levantou-se, foi a um cubículo afastado, ao cabo de minutos exibiu-me vários objetos de chifre: pulseiras, botões, caixas, enfeites miúdos.

— Não quer comprar?

— Sim, vou ficar com uma lembrança de vocês. É trabalho seu?

Vitorino fez um gesto de afirmação triste. Escolhi uma espátula grosseira e romba.

— Quanto custa?

— Dois mil-réis.

Fui deitar a lâmina entre as páginas de um volume, abri o porta-níqueis. Vitorino recebeu a moeda, rosnou um agradecimento e retirou-se com as bugigangas. A tarde, um velho robusto, de farda a esgarçar, com remendos, a cabeleira magnífica, uma bela pasta de algodão, anunciou-me o jantar.

E vendo-me em desalento, a encolher-me, insistiu amável e risonho.

– Obrigado. Não tenho fome.

Impossível andar duzentos metros. O guarda velho afastou-se, as horas correram. Um rapaz vermelho passou a pequena distância, assobiando forte, seguro aos varais de um carrinho de mão. Ignoro por onde entrou, por onde saiu. O frio aumentou, as minhas desgraçadas canelas se entorpeceram, a sombra caiu dissolvendo-me os ossos. Consegui mexer-me, sair dali, estender-me no colchão, bambo, invertebrado. Enrolei-me na manta escura de lã; os dentes chocavam-se, batendo castanholas. Hora do chá.

– Não. Muito agradecido.

Rumor lá fora, vozes femininas. O guarda velho veio trancar-me, disse que duas mulheres tinham chegado. Nem procurei saber os nomes delas. A chapa de ferro obstruiu-me a sepultura e a escuridão me envolveu, quebrada apenas pela estreita faixa de luz procedente da vigia. Exaustão. Um sono doloroso agarrava-me, partia-se e nos intervalos frequentes dele chegavam-me gemidos, queixas, um coro forte de tosses.

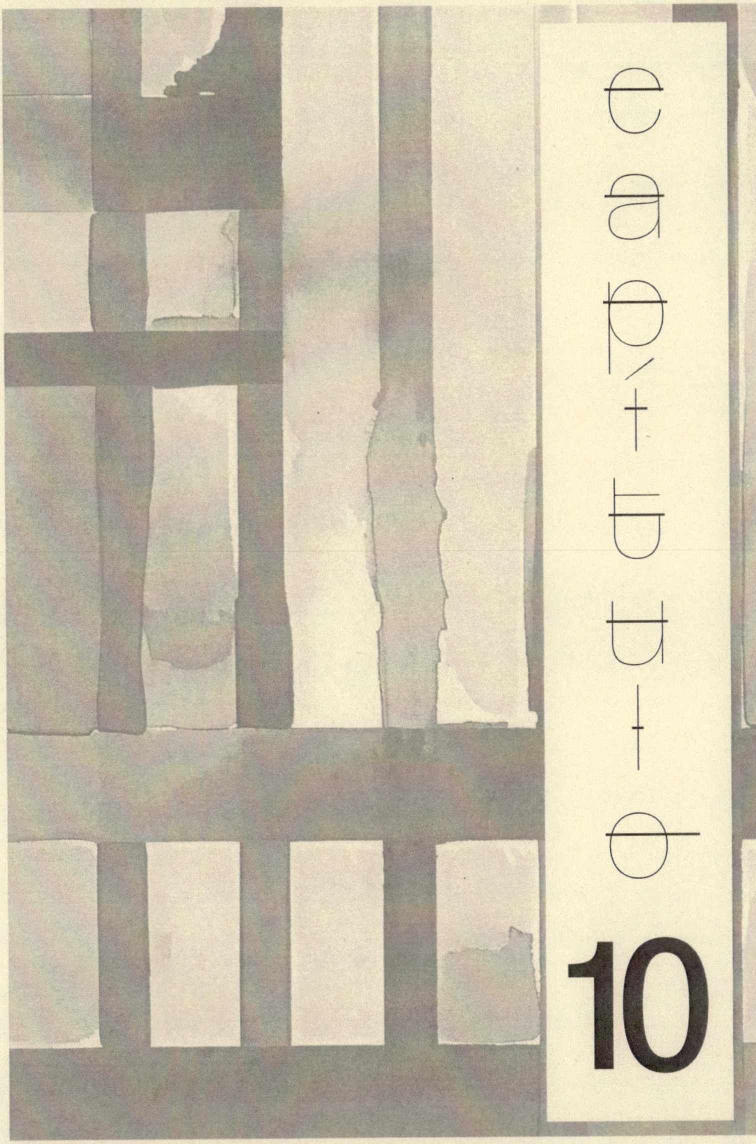

capítulo 10

DESPERTARAM-ME os chilros dos pardais, assobios e o rumor forte de rodas em solo pedregoso. Esses ruídos vinham do exterior; no pequeno recinto circular havia silêncio. Com certeza o rapaz que na véspera assobiava e impelia o carrinho de mão já começara o trabalho. Os pássaros se esgoelavam num barulho dos diabos.

Ergui-me, avizinhei-me da pia. A fraqueza e o desânimo tinham diminuído um pouco. Ao findar a escovação e a lavagem, ouvi passos, tinir de chaves, linguetas a ranger nos encaixes. A chapa de ferro se descerrou, e achei-me fora, arriado no tamborete, as canelas nuas expostas ao sol minguado, uma folha de papel sobre a mesinha onde a tinta branca rachava e descascava. Escrevi algumas palavras.

Um homem de zebra chegou-se com um tabuleiro, esperou que eu bebesse um caneco de leite, o café enjoativo e adocicado, retirou a louça e foi servir outros doentes. Aparecera-me um esboço de conto, mas não havia jeito de se fixarem as ideias, a atenção desviava-se da tarefa no ambiente novo, os dedos emperravam na segunda linha. A certeza de haver feito uma história chinfrim me perseguia e desencorajava; nenhum desejo de realizar outra. Apesar disso, obstinava-me em desenferrujar os miolos resistentes. Necessário mandar qualquer coisa aos jornais. Quereriam aceitar-me a literatura chocha?

O último cubículo, junto à porta do fundo, se abriu; Nise da Silveira e Eneida, minhas conhecidas da sala quatro, saíram. Um minuto depois, abancados à mesa, resvalávamos em camaradagem a narrar os nossos achaques. Eneida estava com os intestinos em cacos, o alimento ruim na Casa de Detenção arrasara-a. Nise tinha um desarranjo nervoso, consequência provável dos interrogatórios longos. A timidez agravava-se, fugia-lhe às vezes a palavra e um desassossego verdadeiro transparecia no rosto pálido, os grandes olhos moviam-se tristes. Recordei-me do nosso encontro meses antes. Ao chegar ao Pavilhão, vira-me em atitude burlesca diante de Nise, trepado a uma janela, agarrando-me a varões de ferro. Dois metros abaixo, além de uma grade, ela me pedia notícias de Alagoas. O assunto se esgotara logo e um constrangimento horrível nos prendera. Estávamos agora à vontade. A barba crescida, os tamancos e o pijama curto já não me vexavam; habituara-me ao desleixo, só me lembrava de raspar a cara uma vez por semana, às sextas-feiras. Vendo o lápis e o papel, as moças quiseram retirar-se. Declarei-me estúpido em excesso e pedi-lhes que ficassem, contente por achar motivo para esquivar-me ao dever maçador. O guarda naquele dia era um português moreno, de feição obtusa; passava com frequência perto de nós, vagaroso, e parecia muito ocupado em fiscalizar-nos. Exigimos banho. O sujeito deu uma ordem, os faxinas vieram carregados de latas.

As minhas visitantes foram buscar toalhas e dirigiram-se ao banheiro. Só, ainda tentei arrumar vagos pensamentos rebeldes. Nada conseguindo, fui jogar sobre a cama o lápis e a folha inúteis; achava-me na verdade uma besta, invejava Hermes Lima e Gikovate, capazes de estudar, escrever horas e horas na prisão, surdos ao rumor das controvérsias numerosas. O diretor apareceu, escanchou-se num tamborete e disse:

– Cometi uma irregularidade ontem.

– O senhor comete muitas – gracejei.

– É rigorosamente proibido juntar homens com mulheres. E eu pus essas duas moças aqui. Tive confiança em você.

– Muito obrigado.

– Vai-me fazer uma promessa.

E largou dois palavrões obscenos. Dei uma gargalhada. Em linguagem correta, ele desejava que as minhas companheiras não inspirassem nenhum desejo.

– Isso é um disparate, major. Prometo não realizar o ato. Mas não sentir desejo? O senhor é bem exigente.

O velho sacudia-se num largo riso, os olhinhos vivos brilhavam com ingênua malícia.

– Está bem, está bem.

Esperou a volta das mulheres, esteve alguns minutos a conversar com elas e despediu-se:

– Cuidado com a promessa.

– Não se preocupe.

Fui lavar-me. Ausência de chuveiro. Apenas uma bacia de água morna e um caneco. Ao sair, encontrei Nise sentada à mesa com dois baralhos.

– Você sabe jogar *crapaud*?

Eu não sabia.

– Então vai aprender.

E deu-me as primeiras lições do jogo que me iria desviar das letras nacionais. Arranjando as cartas, fornecia-me as regras com paciência, às vezes falava a um preso comum atento à partida, negro pequeno, de focinho impudente, inclinado a familiarizar-se. Embirrei com esse tipo, abomino liberdades, mas Nise estava sempre a desenvolver-lhe a partida e a fazer-lhe perguntas. Pai João apresentou-se e referiu-se, vaidoso, às suas habilidades: fora salteador e operara nas matas de Piraí.

– Trabalhava só, Pai João?

– Só, com Deus. Precisava um revólver, mais nada.

A alguns metros de nós, Vitorino se arrimava à parede como no dia anterior. O guarda apareceu e foi repreendê-lo, a exagerar uma acusação, insistente e áspero. Vitorino defendeu-se: não incorrera em nenhuma falta. De cabeça baixa, exprimia-se em voz dormente, como num solilóquio; fingia respeito, mas não se calava. O outro, em zanga rija, invocou o regulamento.

– É o diabo – zumbiu Vitorino. – Esse regulamento foi feito para mim. Para mais ninguém.

A réplica enfureceu o português. Vitorino calmo, a vista no chão, continuava a repelir as censuras de manso. Nunca vi uma pessoa justificar-se daquele modo. Acabou fatigando o adversário. Quando este saiu, Pai João, que se havia afastado, veio de novo aperuar o jogo, abelhudo e risonho. Não busquei dissimular a antipatia; as amabilidades de Nise ao negro chateavam-me. A minha aversão estaria hoje provavelmente esquecida se tempo depois não me causasse um ligeiro transtorno, bom para esclarecer várias coisas ali.

O almoço pôs fim à primeira lição. Vieram bandejas, a professora recolheu-se e marchei para o refeitório, capenga e faminto. Consegui resistir às pilhérias de Walter, agora o apetite fechava-me os ouvidos.

Regressei, passamos a tarde em cavaqueira animada: o *crapaud* nos desatara as línguas. Eneida não se expandia, um sofrimento vivo no rosto descorado. Sentava-se, dizia meia dúzia de palavras, erguia-se inquieta, fechava-se no cubículo; reaparecia, tornava a sentar-se, rugas na testa, os beiços contraídos num sorriso difícil. Animava-se de leve, não queria exibir-nos a dor e o desassossego. Nise palrava como se nos conhecêssemos de velha data; nenhum sinal do acanhamento que nos tolhera à minha entrada no Pavilhão. Tinham-me dito dela, anos atrás: mulher de grande inteligência e grande caráter. Renovei a frase, mencionando o autor.

– Lamento isso – murmurou Nise com ar arrepiado.

– Por quê?

– Porque tenho dessa criatura uma opinião muito diferente. Não acho nenhum caráter nela.

A doença e a modéstia esgarçaram-se, num instante a severa disposição alterou a fisionomia suave.

– Puxa! Não a imaginava capaz de tanta aspereza.

– Que hei de fazer? Era preferível eu desconhecer o elogio. Enfim esses juízos fáceis não podem transformar-me. Onde fui achar inteligência? Mas realmente a fraqueza de caráter é horrível.

Examinei a figurinha combalida, magra; o desejo de afastar o louvor importuno sufocava-a; os dedos finos tremiam.

capítulo 11

A CONFIANÇA do major Nunes, exposta com obscenidades naquele dia, não se depositou em mim apenas: novos doentes surgiram e em pouco tempo a enfermaria se avivou. Certamente ouviram também palavrões cabeludos e afirmaram proceder bem com as mulheres. Sisson, meu vizinho à esquerda, transformou a sala em biblioteca: pôs na vigia um pedaço de cartão, para fugir aos olhos indiscretos do guarda, e entrou a ler, a traçar planos irrealizáveis num conforto escandaloso. Mais longe foram viver Alcedo Cavalcante e Sussekind de Mendonça, professores gordos, risonhos, serenos, o primeiro militar, o segundo paisano. Sussekind tinha uma úlcera duvidosa no estômago, e cultivava essa probabilidade com alegria e requintes, esforçando-se por acreditarmos nela. Os faxinas de línguas penas, não sabendo pronunciar-lhe o nome, deram-lhe uma alcunha: Dr. Úlcera. No arco à direita do meu cubículo vieram alojar-se o tenente Pais Barreto e Henrique Dantas, alto funcionário de um banco, homem triste, silencioso e resignado. Dantas nunca se queixava, apesar de ter os pulmões decompostos. Arfando na dispneia, friorento, passava horas ao sol, a consumir-se devagar, sem nenhuma esperança. Animava-se um pouco e, em voz lenta e baixa, gastava os restos de vida em dissertações lacunosas sobre economia política. Gikovate e Amadeu Amaral Júnior estiveram conosco alguns dias. Os hóspedes do lado oposto se isolavam de nós pelo banheiro e pela condição: eram homens de zebra, arredios e tristes. Raro transpunham a linha divisória estabelecida entre as duas portas. Também não andávamos por lá. Discutíamos política, jogávamos *crapaud*, tentávamos perceber nos jornais alguma notícia animadora. A guerra da Espanha nos excitava, e no mais simples avanço dos republicanos queríamos ver a próxima derrota do fascismo. Certo dia, lendo uma folha argentina, tive a ideia de recorrer às luzes de Alcedo Cavalcante:

— Venha trocar isto em miúdos, Alcedo. Não entendemos de marchas nem de cercos. Você, major e professor, pode traduzir-nos este negócio de estratégia em língua de cristão.

Formamos roda em torno da mesinha do jogo, afastamos os baralhos, Sisson foi buscar um mapa e iniciamos a leitura, interrompida pelas demoradas explicações do major. Uma crítica otimista em demasia. O triunfo era certo; mouros, italianos e alemães estavam sendo varridos da península; dentro em pouco os traidores seriam fuzilados. De repente o homem recusou um telegrama de Burgos.

— Adiante, adiante. Isso não vale nada.

– Ora essa! – estranhou Eneida. – Nós desejamos um comentário imparcial. Se você só se ocupa de uma das partes, estamos a perder tempo.

– Não – teimou Alcedo, ranzinza. – Nem as mentiras de Burgos nem as bobagens desse pau-d'água de Sevilha. Tudo isso é balela. Só examino o que vem da Catalunha e de Madrid.

O nosso interesse esfriou. Esperávamos ouvir o homem reduzir as vitórias de Franco, aumentar as da república, e a observação unilateral nos causava surpresa e desânimo. Provavelmente ele receava privar-se de uma certeza, ou antes de uma crença. Desenvolviam-se e fixavam-se ali convicções na verdade singulares. Ociosos e ausentes do mundo, precisávamos fazer esforços para não nos deixarmos vencer por doidos pensamentos. Causavam-me espanto os devaneios dos outros, às vezes me sentia resvalar numa credulidade quase infantil, e era doloroso notar os escorregos do espírito. Nise ficava uma hora a matutar nos programas de cinema, exigia a minha opinião, grave. Entrávamos a escolher fitas, enfim nos decidíamos:

– Vamos ao Metro.

Esse exercício estava sempre a repetir-se, e nem sei se era apenas brincadeira, se não chegávamos a admitir a possibilidade maluca de atravessar paredes e grades, sair à rua, tomar o ônibus, entrar nas lojas, nos cafés, nas livrarias e nos cinemas. Sisson me comunicou um projeto de admirável insensatez. Era manhã, achava-me à porta do cubículo, bebendo café. O vizinho descerrou a chapa de ferro e veio sentar-se junto de mim. Não dormira, passara a noite a imaginar uma organização que se dedicaria a estudos sociológicos e se estenderia por todas as bibocas do Brasil, a esmerilhar cartórios e igrejas. Comissões distritais esmiuçariam a papelada antiga que lhes caísse nas unhas e enviariam o material selecionado a comissões municipais; estas se subordinariam a outras mais complexas, estaduais; e afinal, a dirigir tudo, o organismo central, com sede no Rio, ali na Casa de Correção. Alarmei-me:

— Aqui? Você está falando sério?

— É. Nós é que vamos fazer o trabalho definitivo.

— Mas quem nos traz esses documentos, Sisson?

— As nossas mulheres, nos dias de visitas.

— Coitadinhas. Vão suportar uma carga enorme, toneladas de velharias.

— Não é tanto assim. Haverá lá fora um expurgo severo. Nós só receberemos coisas definitivas.

— E você acha que nos cafundós do Amazonas e de Mato Grosso há gente capaz dessa tarefa?

— Para as comissões de primeiro grau bastam pessoas dispostas a copiar o que forem descobrindo. A depuração começa nas cidades e acaba nas capitais.

Vencidas as minhas réplicas, o estranho homem recolheu-se e, num entusiasmo vivo, entrou a redigir o seu plano, desenvolveu-o num calhamaço cheio de minúcias, que foi exposto ao Coletivo. Ninguém quis reparar no imenso absurdo; tomaram-no em consideração; eu e Gikovate recebemos a incumbência de estudá-lo. Esquivei-me, negligente, mas o judeu meticuloso embrenhou-se na leitura, rabiscando notas, arrazoando, como se se tratasse de caso muito importante. Logo embirrou com o título da sociedade, propôs a eliminação de um adjetivo: *popular*.

– No entender da polícia, *comunista* e *popular* têm a mesma significação.

Sisson emperrou, obstinou-se na defesa da palavra e, encontrando resistência no médico, tentou convencer-me. Indolente e vago, suponho que findei por dar razão mais ou menos aos dois. Reunimo-nos à tarde, oito ou dez sujeitos, numa das celas próximas ao refeitório. A vasta composição foi desenvolvida com segura energia pelo autor. Em seguida Gikovate engrolou o relatório na sua língua morna, carregada de *rr* duros. Pontos essenciais foram sapecados, minudências se estiraram e o nome da associação provocou intenso debate. O criador dela agarrou-se com vigor ao seu rótulo, como se o corte do infeliz apêndice lhe inutilizasse todos os pensamentos. Vários indivíduos se manifestaram, a contenda generalizou-se, e a vantagem ou desvantagem de três miseráveis sílabas deixou na sombra a análise do projeto. Ninguém se lembrou de perguntar se era exequível. Submeteram a julgamento o pobre adjetivo, e nós o condenamos por unanimidade. O meu voto arrancou de Sisson um berro furioso.

– Você também? – exclamou erguendo-se, um brilho de indignação nos olhos.

Balancei a cabeça:

– Também.

O homem largou uma expressão torpe e concluiu:

– De duas uma: ou eu sou muito burro ou você é doido. Hoje de manhã concordava comigo.

– É engano. Eu estava com preguiça de argumentar. Saímos. E não tornamos a falar no assunto. A Sociedade Popular nasceu morta.

capítulo 12

À PORTA do cubículo, tomei o caneco de leite e mastiguei pedaços de pão com manteiga rançosa. Depois bebi o café nauseante, adocicado. Nise abriu a porta, chegou-se vagarosa e pálida, sentou-se à mesinha. O faxina trouxe-lhe a refeição da manhã.

– Que põem neste café, Nise? É ruim.

– Deve ser brometo – respondeu a moça. – Anafrodisíaco.

– Diabo! – exclamei afastando o caneco. – Isto é permanente, Nise?

– Não, é transitório. Suspenda o café.

– Claro. Não torno a olhar esta porcaria.

O copeiro voltou para recolher as bandejas, e pedi-lhe que nunca mais me trouxesse aquela infâmia.

– Que brincadeira besta!

Lembrei-me do conselho de outro faxina, à minha chegada ao Pavilhão dos Primários: "Se o senhor soubesse o que há nisso, não bebia tanto." Um abrandamento geral me envolvera, mas não me viera a ideia de relacionar isso com a bebida. A observação do homem de zebra me escorregara no espírito desatento. E não me abstivera. Um grande torpor amarrara-me durante meses, desaparecera na Colônia Correcional, mas isto passara quase despercebido, pois as mulheres estavam longe, e nem havia tempo de pensar nelas. Agora não me achava entanguido. E davam-me de novo a beberagem adocicada.

— Faça o favor de não me trazer isto. Vamos jogar *crapaud*, Nise?

Pouco a pouco sosseguei. O frio na carne e a imobilidade tinham-se esvaído. Imagens lascivas surgiam-me às vezes; com a supressão do café, iriam crescer. Esforçava-me por desviá-las, pensando nos rapazes que, mergulhados num erotismo doloroso, viam figuras de atrizes nuas em revistas. Os médicos da Sala da Capela tentavam livrá-los da obsessão. Podiam livrar-se: o ato julgado vício considerava-se higiene em determinadas circunstâncias. O mal não estava na coisa física, mas nos distúrbios que os desejos insatisfeitos causavam. A maior parte dos militares ria desse conselho, aplicava nomes indecentes nos doutores bem intencionados. E continuava a admirar no papel seios, nádegas, pernas nuas. O exame disso me desgostava. Agora, vindo a explicação de Nise, quase me convencia de que a beberagem anafrodisíaca tinha efeito misericordioso.

As visitas na enfermaria davam-nos torturas verdadeiras. Os casais se juntavam na saleta próxima ao consultório médico, passavam horas num constrangimento horrível, cochichando, medindo gestos, procurando migalhas de expansões difíceis, os olhos nas portas. Se o português moreno estava de serviço, esses encontros eram muito desagradáveis: o canalha, perturbador, ia e vinha, multiplicava-se na fiscalização, chamava os presos comuns para auxiliá-lo. Duas criaturas necessitadas amolavam-se, de nenhum modo conseguiam ficar à vontade. Havia espionagem constante. Aquelas horas, desejadas, sonhadas uma semana, perdiam-se, neutras e insípidas, em conversas moles. O português moreno fiscalizava com os olhos numerosos.

A primeira visita de minha mulher foi um desastre. Avizinhávamos as cadeiras, tínhamos depois precisão de afastá-las, buscávamos assuntos que desviassem a forte necessidade: a linguagem violenta da imprensa reacionária, a credulidade e a indiferença do público. Éramos uns monstros e o governo, isolando-nos, salvava o país. Abandonávamos essa matéria, entrávamos em negócios particulares. O dinheiro sumia-se. Falávamos nele indiretamente, receando com certeza a desaparição completa. O romance enganchado na composição roubava-nos alguns minutos. Não acabariam de rever as malditas provas? Impacientava-me a demora, e logo me chegava um contentamento provisório por não se exibir aquela porcaria. Contudo isso era necessário, porque os restos da pecúnia se evaporavam. O naufrágio literário me daria alguma tranquilidade: seria possível obter cuecas, um pijama e lenços; estavam-me faltando esses troços; muitas coisas perdiam-se nas mudanças, a valise se esvaziava. E havia a caixa de injeções exigida pelo médico. Desaforo. Isso me tornava incapaz de comprar cigarros, obrigava-me a usar pacotes de fumo ordinário. E o diabo do livro não saía, emperrava desgraçadamente. De fato não haveria naufrágio: ninguém ligara importância à minha literatura, achava-me ali mais ou menos inédito. Novo malogro não me pesaria muito. Um pobre-diabo sem dinheiro, nulo, forçado a comprar injeções, a fazer cigarros de fumo ruim com mortalhas que se rasgavam. Os tamancos endureciam-me os pés crescidos. Ali na sala pequena, os sapatos calçados uma vez por semana reduziam-se, magoavam-me, faziam-me calos. A publicação da história chinfrim atenazava-me. Prendia-me a esse último recurso com desespero. Durante alguns minutos o guarda interrompia a fiscalização – e as preocupações de ordem econômica debandavam. Esquecíamos o livro, juntávamos as cadeiras. Mas era uma trégua insignificante. Na calçada, a dois ou três metros, um homem de roupa zebrada passeava lento, as mãos atrás das costas. Ia e vinha. Passava diante de nós com regularidade exasperadora, retardava a caminhada e pregava-nos os olhos suspeitosos. Éramos observados pela frente e pela retaguarda.

Assim decorreram algumas visitas. Um dia, porém, achava-me fraco em excesso, não pude ir à saleta, e minha mulher teve licença para avistar-se comigo à porta do cubículo.

O português moreno estava ausente, o guarda do serviço era o velho Bragança, o amorável sujeito de cabelos de algodão, risonho e paciente, o grande amigo de Nise. Afeiçoara-se a ela de supetão e uma vez lhe dissera triste:

– Doutora, senti muita alegria ontem. Vi na rua uma senhora que era o seu tipo, disse comigo: "A doutora saiu." Mas o engano durou pouco.

Naquela tarde quente eu e minha mulher conversávamos numa nesga de sombra, encostados ao muro. Os outros doentes recolheram-se discretos. O velho apareceu, dirigiu-se a mim, puxou conversa:

– Preciso aposentar-me. Não aguento mais o trabalho.

– Cansado, seu Bragança?

– Setenta anos. E quase cego. O senhor está aí falando, e eu não enxergo nada, só vejo uma nuvem. Nem sei se a porta está aberta.

Deu uma risadinha e afastou-se.

– Obrigado, seu Bragança.

Um instante depois eu e minha mulher pela primeira vez nos sentíamos sós.

Entramos no cubículo, cerramos a chapa de ferro.

capítulo 13

ESTEVE conosco na enfermaria um belo sírio moço, desempenado, alto, simpático, olhos vivos e francos. Substituíra o nome estranho por um de pronúncia mais fácil: Paulo Antônio. Mas na cadeia haviam modificado a tradução: era simplesmente Paulo Turco. Ignoro o crime dele, coisa grave, sem dúvida, pois estava condenado a mais de vinte anos. Na vestimenta branca, muito limpa, onde as riscas ignominiosas esmoreciam, quase invisíveis, tinha a aparência grave de um funcionário. Às sextas-feiras iam visitá-lo duas mulatinhas novas, escuras, pálidas e feias. Assisti a um desses encontros. As meninas usavam roupinhas de tecido ordinário e calçavam sapatos de tênis. O rapaz examinou-as descontente, fechou a cara, repreendeu-as enérgico:

– Vocês não têm sapatos? Não me apareçam com isso outra vez. Indecência.

Entregou-lhes dinheiro, esteve algum tempo a desenvolver recomendações minuciosas a uma pessoa ausente. As meninas olhavam de cabeça baixa os sapatos de pano, as meias grosseiras, e ouviam atentas, e envergonhadas, as ordens rijas do pai severo. Comportavam-se exatamente como filhas, mas com certeza não havia ali parentesco. Cinzentas, desbotadas e nacionais, muito diferiam do oriental, semita puro. Por que razão o grande nariz adunco se aproximava das ventinhas chatas?

Mais tarde explicaram-me a relação curiosa. Paulo Turco tinha uma pequena indústria, como outros, e o bom procedimento fazia que o empregassem às vezes em serviços externos. As autoridades economizam com esses trabalhos, e os presos veem neles um prêmio, sentem-se quase livres durante algum tempo. Num dos periódicos regressos à vida, o sírio pintava portas ou caiava muros quando uma preta velha se chegara a ele e pedira esmola. O homem dera-lhe cinco mil-réis: era o que tinha. No dia seguinte a mendiga voltara acompanhada por duas netas, uma de três, outra de quatro anos. Fizera nova colheita, habituara-se. E, finda a caiação ou pintura, as pobrezinhas tinham ido avistar-se com o protetor na Casa de Correção. Depois disso Paulo Turco possuía uma família, família distante que o via uma vez por semana, às sextas-feiras, mas esse ligeiro contato lhe bastava para dedicar-se inteiramente a ela. Fazia vários anos que aquilo rolava, oito ou dez: as garotas haviam terminado o curso primário. Iam estudar coisa mais séria a expensas e sob a fiscalização rigorosa de uma criatura ausente do mundo.

Esse caso me preocupou em demasia. Sempre me parecera que os criminosos não se diferençavam muito da gente comum, mas ali me surgia um deles, superior aos outros homens. Paulo Turco era, se não me engano, assassino e ladrão.

Contudo inspirava respeito. E aquele procedimento levava-me a admirá-lo. A extraordinária antinomia me assombrou: um vivente nocivo, capaz de matar, roubar, sacrificava-se para manter e educar pessoas encontradas por acaso, muito diferentes dele. E perguntei a mim mesmo se a virtude singular não compensava as faltas anteriores. Uma dúvida me torturava: se Paulo Turco se libertasse, praticaria novos crimes ou buscaria ofício honesto para sustentar as pobres? Na reclusão, as despesas deviam pesar-lhe em demasia, nem sei como se aguentava. Fazia gaiolas, como depois notei, mas certamente não amparava três vidas com o produto dessa exígua indústria. Possuía outras habilidades, sem dúvida. Aqueles homens adquirem talento para explorar negócios que não imaginamos cá fora. Jogam e como isto é proibido, realizam transações absurdas, perfeitos disparates. Um guarda vai atravessar um portão. Dois sujeitos apostam: um acha que ele passa com a perna esquerda, outro escolhe a direita. Valores miúdos circulam sem descontinuar. Pai João era contrabandista de álcool. Tinha ocupação no exterior, saía com regularidade, voltava com frascos de aguardente nos bolsos; necessitava algumas viagens para encher uma garrafa, que vendia com lucro de cento por cento. Assim, os habitantes da Sala da Capela tinham meio de infringir o regulamento.

Como as exigências ali são reduzidas, essas miudezas se acumulam, e os presos econômicos chegam a constituir modestos pecúlios. O que mais me surpreendia no caso de Paulo Turco era ele obter recursos para realizar gastos, anos a fio, num ambiente diverso, onde as nossas migalhas de pecúnia se desvalorizavam. O esquisito devotamento e as possibilidades imprevistas alarmavam-me. Ignoramos o que somos, até onde podemos ir. Cercados, confinados, precisamos ver qualquer coisa além das grades. A imaginação vai longe; coisas externas crescem, desenvolvem-se; um barraco erguido na favela toma cores vivas, e duas mulatinhas pestanejam em cima de livros, na véspera de exame, à luz do querosene; na cozinha de tábua e lata uma negra velha cochila. Vive para resguardar essas três insignificâncias, entrega-se a elas inteiramente, fabricando gaiolas, um homem duro, mãos tintas de sangue, dedos hábeis no manejo de instrumentos ilegais.

Afinal, a virtude me escapava. Quem me provava que os indivíduos supressos pelo sírio faziam falta num mundo cheio de excrescências? Talvez não fizessem. E era-me indiferente estar a propriedade aqui ou ali. Não aprovei as aventuras de Gaúcho, meu amigo na Colônia Correcional; não as aprovei por serem perigosas. Gaúcho não produzia riqueza. Muitos não a produzem, e contudo acham maneira de apropriar-se dela sem arriscar-se. Gaúcho e Paulo Turco haviam pelo menos revelado coragem. E em situação difícil achavam maneira de praticar ações generosas, incompreensíveis.

capítulo 14

ENFIM o romance encrencado veio a lume, brochura feia de capa azul. A tiragem, de dois milheiros, rendia-me um conto e quatrocentos e esta ninharia ainda significava para mim grande vantagem. Minha mulher apareceu com alguns volumes. Guardei um e distribuí o resto na enfermaria e na Sala da Capela, mas logo me arrependi desses oferecimentos. A leitura me revelou coisas medonhas: pontuação errada, lacunas, trocas horríveis de palavras. A datilógrafa, o linotipista e o revisor tinham feito no livro sérios estragos. Onde eu escrevera *opinião pública* havia *polícia*; *remorsos* em vez de *rumores*. Um desastre. E nem me restava a esperança de corrigir a miséria noutra edição, pois aquilo não se reeditaria. Eu próprio dissera ao editor que ele não venderia cem exemplares. Contudo alguns leitores fizeram vista grossa aos defeitos e me condenaram firmes o pessimismo. Nise interrompia o *crapaud*, esforçava-se por mostrar na minha narração capenga belezas que eu nem de longe percebia. Certa manhã, Eneida saiu do cubículo e avizinhou-se de mim, pálida, os olhos fundos:

– Li o teu romance de cabo a rabo, e não dormi um instante, apanhei uma insônia dos diabos. Pavoroso!

Essas manifestações me surpreenderam, mas a princípio julguei-as amabilidades. Pouco a pouco moderei o juízo severo e cheguei a supor que a obra, apesar de tudo, causava interesse e roubava o sono às pessoas. As palavras de Nise, repetidas, levavam-me a considerar bons alguns capítulos. Um deles me custara vinte e oito dias de trabalho rijo, fora depois recomposto e emendado. Tratava-se de um crime difícil, meio inconcebível, e, se não me precatasse, me teria afundado na literatura de folhetim. Essa longa passagem não estava muito mal arranjada. Assaltavam-me depois cóleras fortes à lembrança dos disparates mais graúdos expostos nas folhas escuras de papel ordinário. As falhas eventuais reforçavam outras, essenciais, e achava-me em desânimo completo.

Por alguns dias afastei-me da Sala da Capela, receando comentários, certamente agradáveis e falsos. Não vamos dizer cara a cara a um sujeito o que achamos de uma produção dele. Atenuamos as fraquezas, pomos em evidência as páginas menos ruins; se os autores não forem burros, compreenderão bem a nossa hipocrisia. Atenazava-me a ideia de ver Castro Rebelo, catedrático exigente, folhear a brochura, erguer os ombros, fungar um risinho de escárnio. Quando as nossas camas eram próximas, no velho salão de tábuas vacilantes, eu lhe fizera um pedido: "Professor, tem por acaso aí o seu *Mauá*? Ainda não o li." Castro Rebelo abrira a mala, dera busca entre panos e me estendera o volume. Tomara-o em seguida, percorrera-o e, com uma gilete, raspara meticuloso uma vírgula. Que diria o homem rigoroso das minhas vírgulas, deslocadas na tipografia e na revisão, a separar sujeito de verbos, estupidamente?

Vi nos jornais cinco ou seis colunas a respeito do caso triste, em geral favoráveis. Não diziam grande coisa. Limitavam-se a jogar louvores fáceis, pareciam temer ferir-me apontando os erros, como se fosse um estreante, e desviavam-se da matéria. Arriscara-me a fixar a decadência da família rural, a ruína da burguesia, a imprensa corrupta, a malandragem política, e atrevera-me a estudar a loucura e o crime. Ninguém tratava disso, referiam-se a um drama sentimental e besta em cidade pequena. Admirou-me depois o excessivo número de críticas à minha história sombria, e espantei-me de vê-la bem aceita e reproduzida, mas ali na cadeia apenas me surgiu meia dúzia de artigos. Um era insensato. Dedicava-me alguns elogios sem pé nem cabeça, punha-me de lado e atacava furioso um escritor que nenhuma relação tinha comigo. Outro me declarava autor de um formoso romance. Ao ler isso, escondi a folha debaixo do colchão e deitei-me, a estalar de raiva.

– Que é que você tem? – perguntou-me da porta a ótima Nise. – Piorou?

– Não. Estou bem.

Nise ficou um instante a olhar-me séria, de repente deu uma risada:

– Já sei. Foi o artigo de Fulano.

Ergui-me:

– Ele tem razão. É o que é realmente aquela porcaria. Um formoso romance.

A excelente amiga saiu, trouxe os baralhos, arrastou-me para a mesinha e desviou-me do espírito o desagradável sucesso. Estava sempre a comentar com exagero, mencionando autoridades, a minha personagem criminosa e meio doida. Eu lhe esfriava o entusiasmo, brincava com ela citando a frase de um advogado que lhe pedira o exame de um cliente: "A senhora, grande psicopata..."

— Ele está certo, Nise. Você se julga psiquiatra. Mas é engano. Você é maluca.

Nise ria. Considerava-me um dos seus doentes mais preciosos.

capítulo 15

TOMEI o copo de leite, fui ao consultório, onde o médico me aplicou a injeção de vitamina. Ao regressar, notei que haviam recolhido a mesinha do *crapaud* deixada à porta.

– Vá tomar banho e mudar a roupa – disse-me Eneida. – Você não vai receber sua mulher assim vestido em pijama. – O diretor me anunciara na véspera uma visita para aquela manhã. Achava-me com bastante preguiça:

– Minha mulher não é de cerimônia. Já me viu deste jeito muitas vezes.

– Não senhor. Mude a roupa

– Que impertinência! Vá lá.

Agora conseguia mexer-me, já não precisava amolar os faxinas pedindo as latas de água morna. Com duas ou três semanas de tratamento, as pernas pareciam consolidar-se, mas as picadas renitentes no pé da barriga ainda continuavam a importunar-me.

— Está bem.

Peguei a toalha, saí da enfermaria, encaminhei-me aos banheiros distantes, arrimado ao muro que nos separava da Casa de Detenção. Viagem longa e desagradável: havia no caminho vários portões, alguns fechados, e era-me necessário esperar que os guardas os viessem abrir. Lavei-me, fiquei minutos a conversar em gritos com os homens do Pavilhão dos Primários, debruçados lá em cima, no terraço. Chegando à enfermaria, encontrei a minha cela transformada. A cama, pouco antes em desordem, estava refeita; desaparecera a confusão de jornais velhos, papéis e livros deixados pelos cantos; e a mesinha se enfeitava com vasos de flores.

— Que presepada é esta?

Compreendi porque Eneida teimara em afastar-me. A minha surpresa aumentou quando me deram esclarecimento: ia haver uma espécie de festa em honra do livro infeliz. Tinha sido uma lembrança do major, afirmou Nise.

— História — resmunguei contendo o mau humor. — É uma pilhéria de vocês duas. Não dou para essas coisas.

Os preparativos deixaram-me sombrio.

— Ó Nise, será que têm a intenção de fazer discursos? Se fizerem, vou ficar numa atrapalhação medonha: sou incapaz de juntar meia dúzia de palavras em público.

A moça tentou desvanecer o perigo, mas realmente só consegui destoldar-me um pouco ouvindo a promessa clara de Sussekind e Sisson: ninguém falaria. Não se dissiparam todas as nuvens. Sisson, criatura verbosa, iria pregar-me talvez uma peça. Vesti-me apreensivo, condenando a manifestação doida: com certeza a maior parte das pessoas associadas a ela me desconhecia a literatura. No trajo civilizado, limpo, cosido pelo Sousa na alfaiataria, achei-me em condição de receber visita. Ao sair da cela, encontrei minha mulher, que me ofereceu um pacote cilíndrico e pesado. Tirei os barbantes, o invólucro de papel escuro, uma delgada pasta de algodão, e descobri uma garrafa de aguardente.

– Como é que você pôde meter isto aqui, filha de Deus?

– Natural. Na secretaria, um empregado se informara, e ela estendera o embrulho com ingênua impudência: – "Algodão." O homem se contentara com a resposta. Lembrei-me de uma cena, meses antes, no Pavilhão dos Primários. A notícia infeliz me surgira de chofre, numa esquina: "Revista." Escondera-me por detrás de Euclides de Oliveira e, sem nenhuma precaução, metera debaixo da camisa um envelope que Agildo Barata me confiara. A dez passos, minha mulher tinha percebido o movimento, e um minuto depois me perguntava: "Que é da carta?" Mas a polícia não se preocupava com tais minúcias. Tocava-nos de leve os bolsos, busca rápida de armas impossíveis. Se eu não fosse um maluco, teria salvo as folhas escritas na Colônia, deixadas estupidamente debaixo da esteira, na cama suja de hemoptises. Bastava uni-las à barriga, sob a cueca, prendê-las com o cinto; aí não me viriam fazer investigações. Vivíamos a criar fantasmas. Por isso as notas se haviam perdido.

Traziam-me agora o líquido valioso e proibido. Arranjei meio de espatifar a rolha, enchi um caneco, fui pródigo. Doentes e abstêmios, os companheiros se recusaram. Pais Barreto, porém, avizinhou-se de mim numa calorosa amizade, não expressa antes nem depois disso. Num instante bebemos quase meia garrafa, e tive de ocultar o resto, fechar a porta. O tenente não se deu por achado: entrou a rondar o cubículo, esperando o momento de insinuar-se nele, indiferente às conversas literárias que fervilhavam em redor. Também me distraía. Fossem para o diabo as letras nacionais: o meu intuito era defender a garrafa. Essa propriedade fugia-me: às vezes a exigência do moço explodia, e era-me preciso descerrar a chapa de ferro, deitar nos canecos duas doses escassas, medidas:

– É necessário fazer economia.

Tolice. A sede forte de Pais Barreto obrigava-me a encharcar-me, para que ele não bebesse tudo; assim, à hora do almoço, sentia-me vago e toldado, superior aos acontecimentos, sem saber direito porque haviam juntado as mesas, numa refeição extraordinária. Melhorara-se a boia. Tinham encomendado vinho a Pai João. Enfim um banquete, o banquete possível. Não houve discursos, mas a ausência deles nem foi notada: não me lembrava de que os oradores me causavam receio pela manhã. O álcool me dispunha a soltar a língua, atacar alguma coisa, a literatura reacionária, por exemplo. Na meia liberdade provisória que nos concediam, terminamos o almoço e, quase alegres, ficamos a papaguear nos tamboretes brancos, em algumas espreguiçadeiras, feitas certamente na pequena oficina estabelecida na saleta do café. Os meus olhos fechavam-se, abriam-se; as ideias avivavam-se, morriam. A conversa animada escorregava-me no espírito obtuso. Que dizia aquela gente? Chegavam-me pedaços dela, envoltos em bruma, vozes confusas. Interessava apenas os manejos de Pais Barreto: andava a rondar o cubículo, o pensamento numa garrafa escondida sob o colchão. Erguia-me com pena dele e pena de mim mesmo. Nessas viagens a garrafa se esvaziou. As horas passavam rápidas, a sombra se alargava na calçada estreita.

Recolhi-me tonto, minha mulher acompanhou-me, esteve uns dez minutos deitada. Era um sacrifício, pois abominava o álcool; em tempo normal vivia a despropositar comigo por causa disso. Voltamos ao grupo. Ela pintou os beiços e retirou-se.

Chegaram as luzes. Passou o momento de se fecharem os cubículos, e surpreendeu-me ver o guarda imóvel, a espiar-nos de longe. Alguém trouxe um rádio. Envolto nas grossas mantas, a defender-nos da friagem, ali nos conservamos longamente, ouvindo uma ópera que se representava no Municipal e a sábia crítica de Sussekind à música de Wagner. Cerca de meia-noite as chaves tilintaram e a pequena sociedade pouco a pouco se dissolveu.

capítulo 16

ANDAVAM na enfermaria alguns tipos curiosos. Nestor, faxina, era um mulato cor de cinza, magro, banguelo, um sorriso impudente fixo nos beiços grossos. Comportava-se bem e esperava conseguir livramento condicional utilizando o saber de Leônidas Resende. Sumiu-se um anel caro na Sala da Capela, suspeitaram dele, mas os outros faxinas o julgaram incapaz de tocar em objeto alheio. Contudo estava a cumprir sentença por arrombamento.

— Veja o senhor — disse-me um dia. — Trabalhei quinze anos só, aqui e em Niterói; nunca ninguém desconfiou de mim. Quando tomei um ajudante, o miserável me denunciou.

Às vezes o sorriso permanente franzia-lhe o rosto, uma sombra de amargura o envolvia.

— Está ali quem sabe tirar cadeia — murmurava apontando a gata Malandrinha, mascote da prisão, achada na rua, vinda num carro de lixo.

O animal vagabundo acostumara-se logo à vida sedentária e nenhum desejo tinha de recuperar a liberdade. Ronronava ao sol, obeso, desenroscava-se em bocejos enormes, preguiça enorme. Reconhecia-se importante, sem dúvida, e esta convicção lhe dava o ar de saciedade, os movimentos vagarosos. Nestor largava um suspiro, invejando o sossego do bicho:

– É como a gente devia ser.

Júlio, figura sinistra, vinha trazer-me a bandeja pela manhã. Bebendo o leite, mastigando o pão, tentei falar com ele. Respondia breve, iludindo as perguntas, os olhos baixos, constrangido. Nunca se referia ao crime que o inutilizara, desejava provavelmente esquecê-lo. A reserva excessiva trazia-me ao espírito Gaúcho, Paraiba, Pai João, alguns ladrões menores, dispostos a revelar-se com franqueza e gabolice. Um deles, de boca imensa, a cara estúpida, vangloriava-se contando a Eneida mentiras palmares. Enganando-nos e enganando-se com aventuras e riscos, esses homens chegavam a descobrir mérito no seu ofício. Júlio não era um profissional. Matara a mulher em ciúme furioso, e não podia livrar-se da horrível dúvida: fora justo? Fora injusto? De pé, junto à bandeja, tinha no chão os olhos enevoados. Fora justo? Fora injusto? Baixo, atarracado, lívido. Impossível avizinhar-se dos companheiros. Homem solitário, preso ao passado, a inocentar-se, a arrepender-se. Nunca me surgira oportunidade, ali ou fora dali, de perceber vestígio de remorso em ninguém. Remorso era apenas um assunto literário. Os indivíduos capazes de matar, roubar, incendiar, violar, achavam razão para isso. Júlio não conseguia justificar-se – e vivia abatido e mecânico, a transportar a bandeja para aqui, para ali, surdo e cego.

Muito diferia dele Barbadinho, o rapaz que andava a rodar a carroça nas pedras com assobios estridentes. Era o meu despertador. Às cinco horas o assobio forte e o barulho de rodas nas pedras, casados com os chilros dos pardais, levantavam-me. As aves e o rapaz abreviavam-me o sono. Escovar os dentes, lavar o rosto. Descerrava-se a chapa de ferro. Na frescura da manhã, arriado no tamborete, os cotovelos sobre a mesinha, em vão me esforçava por arrancar de uma figura sombria qualquer coisa. Hábito velho de observação, inútil agora. Júlio era uma estátua dolorosa; só recobrava o movimento quando se esvaziava o caneco de leite. Perto, um rapaz, quase criança, passava agarrado aos varais de uma carrocinha. O assobio não desanimava. Por que tinham levado para ali aquele garoto? No ambiente sujo, o menino queria viver, a alegria se espalhava na cara aberta, peluda, escura. A abundância de cabelos motivara a alcunha. Os olhos fuzilavam, o corpo agitava-se, rápido, como se estivesse a nadar. Barbadinho ausentava-se do meio, estava numa aurora permanente. O assobio agudo feria-me os ouvidos. A criatura viva, moça, forte, mergulhava no trabalho como peixe na água. Infelizmente o trabalho era aquilo: rodar uma carroça o dia inteiro. Pobre menino. Quando se libertasse, não acharia lá fora nem o miserável exercício que lhe facultava o rumor excessivo, o riso franco, o estouvamento. Regressaria, se acabaria em desânimo, obeso e nulo, como a gata Malandrinha, amando uma réstia de sol e a imobilidade.

Tipo esquisito era o sujeito que nos lavava a roupa. Fornido, branco, de gestos ondulantes, olhares equívocos, desagradáveis, sujos. Tinham-lhe dado a alcunha de Maria Gorda. Certo dia o acharam metido em veste feminina, a saracotear-se, a requebrar-se. Lavador, amava a profissão, gostava de mexer em panos. Ao trazer-nos cuecas, lenços, pijamas, estendia-os na cama, retardava-se a acariciá-los com os dedos grossos, nojentos. Um companheiro brigara com ele, e vendo-o chorar, covarde e bambo, invectivara-o: "Que é isso? Homem não chora." E o desgraçado respondera, no longo pranto: "Você não sabe que eu não sou homem?"

capítulo 17

UM DIA, à hora de nos destrancarem, Sisson me apareceu encabulado e sombrio:

– Sou um idiota. Não devia ter feito aquilo. Perdi os estribos, e nem sei o que disse.

Atentei no homem com espanto:

– Que foi?

– Não ouviu?

– Quê? Não ouvi nada.

Sisson recusou durante algum tempo a minha declaração:

– Um barulho tão grande!

– Não percebi nenhum barulho, Sisson. Estava dormindo. Ignoro o que você quer dizer.

Enfim, depois de muita fala inútil, o arestoso amigo se explicou. Tivera na véspera, fechado o cubículo, arenga feia com um preso comum que servia na farmácia. Era estranho haver rixa entre indivíduos tão diversos, um oficial de marinha, homem culto, burguês, e um ladrão vagabundo. Através da chapa de ferro, pelo buraco de vinte centímetros, em geral oculto por um pedaço de papelão, tinham cambiado grossos desaforos: "Cachorro, sem-vergonha." "Marinheiro safado."

— Oh, Sisson! — murmurei. — Você cair nisso! Discutir com um tipo assim!

— Não refleti. Foi burrice.

No mesmo dia Sisson voltava à Sala da Capela. Como de ordinário, não lhe expuseram motivos. Somente ordem para arrumar a bagagem. Os mapas e os abundantes papéis sumiram-se; o meu vizinho da esquerda, antes de curar-se, afastou de nós as suas ideias complicadas e numerosas. A queixa de um malandro ocasionara a transferência. Outros companheiros haviam saído.

As minhas pernas se arrastavam no ócio, do consultório médico para a cela. Agora estavam menos trôpegas e insensíveis; já não era preciso estirá-las ao sol de manhã, envolvê-las à tarde na manta pesada e escura. Não se lavava aquela manta, acho que não se lavou enquanto vivi na Casa de Correção. Por ser quase negra, ocultava a sujeira, e permanecia na cama estreita semanas longas, como os dois trapos que, meses atrás, me enrolavam numa esteira. Apenas a imundície da Colônia Correcional era visível, muito vermelha. As conversas boas de Nise afugentavam-me a lembrança ruim. A pobre moça esquecia os próprios males e ocupava-se dos meus.

— Vamos ao cinema hoje?

— Vamos, Nise. Por enquanto vamos ao *crapaud*. Quer?

Íamos ao *crapaud*. As partidas lentas davam-me remorso. O terceiro conto, ruim e incompleto, escondia-se na valise, sob cuecas e meias. Seria preciso concluí-lo e endireitar os outros, mas a literatura desgraçada me causava engulhos. Assaltava-me com frequência um desânimo profundo.

– Por que é que indivíduos como eu escrevem? Para quê? – perguntava a mim mesmo.

Quando esmoreciam as dores, procurava defender-me estabelecendo comparações frágeis:

– Afinal o Brasil é uma tristeza. Estas misérias são iguais a várias que por aí circulam. Escrevemos à toa, e ainda achamos quem nos elogie.

Decidia-me com esforço a desenterrar as miseráveis folhas, rabiscava algumas linhas chochas. Para quê? Lá fora gente como eu estaria fazendo coisa semelhante. E refugiava-me nas cartas. Infelizmente Nise começou a dizer que eu furtava no jogo. Professora incapaz, utilizava esse recurso desonesto se perdia, e alargava-se em comentários injustos com Pai João. Atenazavam-me as brincadeiras dela, expostas ao negrinho descarado, horrivelmente feio. Uma espécie de macaco, e às vezes me espantava de que o mostrengo pudesse falar. A cabeça era uma insignificância, os dedos curtos e nodosos mexiam-se como se estivessem a manejar o revólver nas matas de Piraí. Um bicho. E, dos ladrões observados naquele tempo, o mais antipático. Fora-me possível admitir Gaúcho, Paraíba, Cubano, e via-me forçado a admirar Paulo Turco. A figura simiesca irritava-me. Nise dirigia-se a ela, apontando no baralho, a rir, os meus furtos inexistentes. Zangava-me, cochichava:

– Como diabo se interessa você por um tipo como esse?

Nise continuava a rir, a atacar-me. E Pai João andava em roda, aos pulinhos, rombo e torpe, a grunhir, repetindo as palavras dela:

– Furtou, furtou.

Uma vez não me contive:

– Sabe que não gosto dessas intimidades?

– Hem? – fungou o animal desfranzindo o riso parvo.

– Não gosto disso. É bom vivermos separados.

O focinho de Pai João tomou pouco a pouco uma dureza fria, a boca apertou-se com ódio, os olhos miúdos fuzilaram. O negro deu-me as costas em silêncio, e nunca mais o vi. A tarde me vieram anunciar mudança. Peguei os troços, despedi-me da gente que andava no pátio circular, e um guarda acompanhou-me à Sala da Capela. Na viagem recordei a zanga do velho Marques ao ver-me estender o maço de cigarros a um faxina. Aqueles homens eram nossos criados. Ri-me atravessando os portões de ferro. Criados bem singulares. Executavam serviços rudes e recebiam gorjetas, mas eram em grande número, ambientavam-se em anos de pena, e nós, cem ou duzentas pessoas, estávamos ali de passagem, e infringíamos sem querer as regras. Pela denúncia de um deles, vinham-nos dificuldades: cautelosa, a administração receava desgostar os moradores velhos da casa.

capítulo 18

NA SALA da Capela havia agora três fileiras de camas separadas por estreitas passagens de meio metro. Deram-me a última do centro, metade, mais ou menos, das laterais. Lugar incômodo. O espaço minguava; só no fim do salão, junto às mesas de leitura e jogo, podíamos andar livremente. Depois do jantar, arriei os ossos no colchão, tentei repousar, debalde: o rumor dos tamancos e o zumbir das conversas agitavam-me, e abriam-me os olhos e os ouvidos. Inclinando-me para a direita, via as criaturas que pisavam rijo, abalando o soalho. A pequena distância, indivíduos atentos, curvados sobre tabuleiros, moviam símbolos de madeira: "Xeque."

Os cotovelos fixos na armação bamba dos cavaletes, figuras indistintas mexiam papéis. A vitrola remoia discos. Virava-me para o outro lado, e percebia ao fundo, perto do altar, alguns doentes, Apporelly dispondo as cartas na paciência interminável, Moreira Lima a ajustar a funda complicada. Enfim as luzes se apagaram e consegui dormir. Levantei-me cedo e vi na cama vizinha um rapaz de rosto para cima, um frasco na mão, esforçando-se por umedecer os olhos inflamados e vermelhos. Desistiu da operação custosa: o líquido se derramava nas pálpebras roxas e opadas.

— Quer fazer-me o favor de me deitar aqui um pouco de colírio? — pediu-me. Enchi o conta-gotas. Mas, diante dos bugalhos sangrentos, uma névoa de lágrimas toldou-me a vista, os dedos tremeram-me:

— Não posso. Um instante.

Fui chamar Gikovate, que fez o curativo e afastou-se. O desconhecido, loquaz, antes de poder enxergar-me, entrou a papaguear e resvalou em assunto perigoso. Quis saber a causa da minha prisão. Desgostoso com a resposta vaga atirou-me de chofre:

— O nosso chefe é um gênio. O senhor não acha?

— Como?

— Prestes é um gênio.

Mais tarde compreendi que o sujeito não era espião: era apenas meio doido. Naquele momento, porém, julguei-o instrumento da polícia, embora se mostrasse de inabilidade incrível.

— Qual é a sua opinião?

— Nenhuma. Li dele dois ou três manifestos, ali por 1931. Somente.

O homem passou o lenço na cara molhada, dirigiu-me as postas rubras:

— Então, se o senhor não considera Prestes um gênio, que faz aqui? O senhor não é do Partido Comunista? Não esteve na Aliança Nacional?

— Não estive em nada.

O tipo começou a borboletear. E, de repente:

— Apporelly é um gênio, o senhor não acha?

Na manhã fria o ruído começava: sons duros de tamancos abafando as vozes dos pardais. O café, o banho. Apporelly, no fim do alojamento, mudava a roupa devagar.

— Apporelly é um gênio. Que é que o senhor acha?

Cautela exagerada levava-me a precaver-me contra o indivíduo inofensivo:

— O senhor gosta de gênios. Talvez sejamos todos *gênios*. Gênios em cueca, jogando o xadrez e a paciência.

Pus-me a rir; o tipo se desviou, macambúzio. E nunca mais se entendeu comigo. Na manhã seguinte pegou o remédio e dirigiu-se, meio cego, a alguém que lhe deitasse pingos nos olhos arruinados.

Passaram-se dias, semanas. As minhas pernas andavam quase sem dor no soalho, na escada estreita, no pátio onde os militares faziam ginástica. Percebi que várias pessoas começavam a esquivar-se de mim. Com certeza, imaginei, se ressentiam por eximir-me de realizar tarefas desagradáveis. Pediam-me conferências, artigos sobre romances novos, e não justificavam a minha incapacidade. Feria-me a incompreensão. Era-me realmente impossível fazer qualquer trabalho. E admiravam-me a pertinácia e a firmeza de alguns homens que pareciam não descansar. Agildo Barata me dava a impressão de uma aranha diligente, a fabricar dia e noite, meses e meses, a teia difícil. As visitas, às sextas-feiras, levavam para o exterior os fios de uma vasta composição que se alargava pela cidade, pelo país. Criaturas dessa natureza não me desculpariam facilmente a inércia. Devia estar aí a causa do afastamento. Enganei-me. Um companheiro veio contar-me que alguém afirmara ter-me ouvido, em zanga indiscreta, dizer de Prestes cobras e lagartos. O informante queria saber se aquilo era verdade. Rejeitei o miserável assunto:

– Não dou explicação. Isso é uma estupidez, não perco tempo com mexericos idiotas.

As minhas palavras foram tomadas como evasivas, presumo, pois continuaram arredios, a exibir carrancas. Estava claro: o sem-vergonha da oftalmia semeara intriga, e meia dúzia de malucos admitia que eu fosse bastante leviano para confiar nele. A credulidade me irritava. Para o diabo. Não me fazia falta a convivência daqueles ingênuos. Uma tarde quente peguei a toalha e encaminhei-me aos banheiros. Fechados. De regresso, avistei uma torneira e resolvi utilizá-la. Acabava de lavar-me, enxugar-me, quando alguns militares passaram e fingiram não ver-me. Euclides de Oliveira deixou o grupo, chegou-se a mim:

– Então esses moços não falam com você?

– Que se há de fazer, meu caro?

– Qual é a razão disso?

– Não sei, nem procuro saber. Acreditaram, suponho, em burrices, em safadezas. Deixá-los.

Vesti-me, saímos juntos.

– Isso é uma peste! – exclamou o oficial.

A indignação dele compensou todos os desentendimentos. Pensei na minha briga com Euclides no primeiro dia em que o vi. Reconhecendo-se injusto, logo confessara o erro, desculpara-se firme, sem nenhum constrangimento, num instante me aniquilara a fúria besta. De novo se patenteava a alma nobre. Euclides não aceitaria sem exame as balelas de um desconhecido.

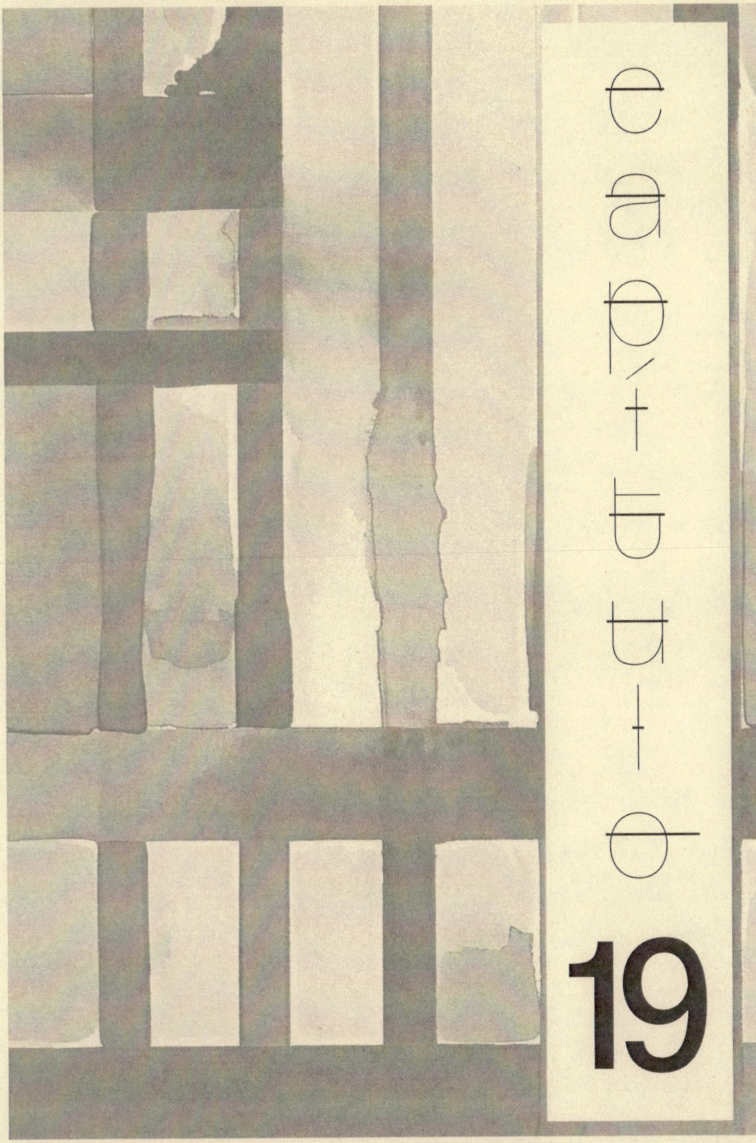

capítulo 19

VAGOU uma cama perto do altar, e, receando vizinhança desagradável, Apporelly me pediu que me transferisse para lá.

– Venha logo, antes que chegue um intruso.

Os bugalhos do provocador já não eram vermelhos; recobrada a vista, o sujeito mexia-se com pés de gato, cochichando pelos cantos, a semear discórdia, sem dúvida. Bom livrar-me dele. Aceitei o convite, fui alojar-me a um passo de Apporelly, nos cinco metros de mosaico. Só ali tínhamos sensação de estabilidade; o soalho, batido pelos tamancos, balançava como um navio. Aos pés da cama, no aperto, o humorista colocara uma pequena mesa redonda e passava os dias debruçado nela, arrumando as cartas na paciência longa. A esquerda, magro, a cor terrosa, a cabeça ainda raspada, acomodava-se Aristóteles Moura, de quem me despedira, meses atrás, na Colônia Correcional. Um pouco distantes, Moésia Rolim, Maurício Lacerda e Moreira Lima. Ia-se renovar o Coletivo, e as opiniões se dividiram, empenhadas em forte cabala. Uma intensa propaganda exaltava os espíritos como se se tratasse de escolher o governo da república. No dia da eleição procurei Agildo, perguntei os nomes dos candidatos, e ele me respondeu que os dois grupos tinham chegado a um acordo. A hora ao chá, Ivan me falou à porta do refeitório:

— Você com certeza vota conosco.

— Espere, homem, não estou compreendendo. Agildo me disse que já não há dissidência.

Ivan ignorava o ajuste e insistiu no pedido.

— Pois sim. Que é da chapa?

O moço não tinha chapas naquele momento. Lá em cima informei-me. Existia unanimidade, repetiram-me. Nem me lembrei de comparar as cédulas; estava certo de que eram iguais. Recebi uma, guardei-a sem examiná-la; a escolha não tinha para mim nenhum interesse. Reunimo-nos em torno da mesa onde se jogava *crapaud*, recolheram-se os pedaços de papel, em meio de forte vozeria. A apuração revelou discrepância: três nomes alcançaram todos os sufrágios, mas para os dois cargos restantes eles se dispersaram entre quatro pessoas.

— Oh, diabo! — exclamei. — Há divergência.

— Não sabia? — chasqueou um sujeito à cabeça da mesa.

— Não. Garantiram-me que tinham feito combinação.

— Quanta ingenuidade! — murmurou o tipo fechando a cara.

Irritei-me:

— Eu não sou forçado a entusiasmar-me com insignificâncias.

Mais um inimigo, supus. E não me enganei. No dia seguinte Ivan chegou-se a mim no pátio:

— Você ontem me prometeu votar conosco. E votou contra.

— Eu mesmo não tenho a certeza disso: nem li a chapa. Tomei uma ao acaso, pode ter sido a sua. Findas as desavenças, não se justificavam compromissos. Eu as julgava findas, como lhe disse.

— Não — replicou o tenente. — Você prometeu.

— E eu fui testemunha — asseverou um companheiro ao lado.

O aparte me assombrou: a nossa conversa fora rápida, em voz baixa, e aquele homem não estava presente. A zanga de Ivan compreendia-se, de nenhum modo o julguei desleal. Imaginei um equívoco, não nos tínhamos explicado bem. Mas a declaração da testemunha impediu-me a fala, deixou-me tonto.

— Estarei doido? — perguntei a mim mesmo. — Terei perdido a memória?

Restabeleci-me a custo, respirei. A memória funcionava direito: a afirmação do indivíduo era falsa.

— As nossas relações estão cortadas — bradou o oficial. Aprovei com um movimento de cabeça.

— E também as nossas — ajuntou o comparsa.

— Elas nunca existiram — resmunguei afastando-me. Recolhi-me aperreado. Bate-bocas idiotas por uma eleição do Coletivo, sem importância. Não era isso, refleti. Havia ali pretexto para luta: uma chapa vermelha, outra rósea, com duas figuras anódinas. Por que não tinham sido francos? Eu votaria na chapa do Partido, é claro. E deixavam-me na ignorância quando buscava orientar-me. Em consequência, vinham inimizades. Ivan tentou reaproximar-se de mim ao cabo de alguns dias: com certeza havia reconsiderado, visto que um caso tão simples não merecia rancor. Isso me pareceu honesto. Achava-me, por desgraça, cheio de ressentimento e desviei-me com meia dúzia de palavras chochas. Aborrecia-me a folhear um livro ruim e desejava matar o autor daquilo. Ivan chegou, sentou-se na cama à direita, entrou a conversar com Apporelly. Receando ser indiscreto, larguei a brochura, ergui-me. O tenente pediu-me que ficasse. Tornei a sentar-me, reabri o volume, um romance pavoroso, continuei a ler por hábito, indiferente à prosa escrita e à falada. A indiferença não era completa: chegavam-me os períodos longos do rapaz e voltava-me a impressão recebida meses antes: "É o militar que sabe sintaxe." Depois de consultar Apporelly, o moço quis ouvir a minha opinião. Escusei-me frio, alegando não conhecer bem o assunto. E não nos tornamos a falar enquanto ali vivi.

Excessivo melindre me levava quase ao isolamento, apesar de saber que Ivan Ramos Ribeiro procedera com decência. Afinal, era absurdo zangar-me por alguns rapazes me evitarem, desconfiados. Realmente não conheciam o sujeito dos olhos purulentos; também não me conheciam. Naquele meio fecundo em ratoeiras uma palavra bastava para nos fecharmos arrepiados. A pergunta do oftálmico dera-me a certeza de me achar diante de um espião; a denúncia dele atirara sobre mim várias suspeitas. Só entre os comunistas havia confiança, mas ainda aí surgiam às vezes surpresas. O dirigente de importância se chegava a polícia. Miranda me parecera, não sei porque, um tipo duvidoso. Observação involuntária. A pimponice, a mentira, a exposição vaidosa de ferimentos leves deixavam-me com a pulga atrás da orelha. Uma ligeira conversa — e separação definitiva. Tempo depois o miserável andava a elogiar Hitler, a dizer que o verdadeiro comunismo se realizava em Berlim. Certas pessoas ali esperavam de mim comportamento igual, e isto me aborrecia, não por me considerar uma perfeita dignidade, mas por me faltar vocação para traidor. E se pudesse resolver-me a trair, que diabo iria contar? Encolhido, ignorava tudo. Toquei vagamente nisso a Aristóteles Moura:

– Uma peste!

– Você não tem serenidade para julgar – respondeu Moura. Não temos serenidade.

A segunda afirmação do homem tranquilo, de juízo claro, quase me fazia rir.

– O Partido não está aqui. Lá fora você acha coisa muito diversa. Há entre nós verdadeiros comunistas, e é preciso não confundi-los com simpatizantes cheios de intransigência.

Essa opinião otimista de um homem que tinha, recentes, no corpo magro vestígios da Colônia me restituía o sossego. O horror daquele inferno, daquela ignomínia, não o desviara da linha reta; impossíveis discrepâncias funestas.

– Vivemos numa desgraçada fase de confusão, e é natural que todos se previnam.

Concordei: havia asseverado isso com frequência, e fortalecia-me a corroboração do meu pensamento. Indispensável um apoio exterior. A esquerda, essa firmeza resistente às misérias da Colônia. A direita, o meu pobre amigo Apporelly, a sofrer, amável e risonho, lançando trocadilhos em atitude profissional. Doía-me a paciência triste dele, aparentemente alegre. Não passava mal o dia, mas à noite, apagadas as luzes, entrava a aperrear-se, em forte agitação. De repente erguia-se num tremor convulso, batendo os dentes, a arquejar. Isso me dava um sono incompleto. Abandonava o travesseiro, agarrava o doente até que ele se acalmasse. Atormentava-me. Iria Apporelly morrer-me nos braços? Por fim o meu ato era mecânico: ao despertar, já me achava seguro a ele, tentando um socorro impossível. Íamos ao consultório médico pela manhã, tomar injeções. As minhas pernas ainda estavam ruins. Descíamos a escada, lentos, amparando-nos; chegávamos ao pátio, enfrentando numerosos obstáculos. Apporelly trauteava uma canção briosa, enérgica, atirada com fogo desde o Pavilhão dos Primários. Era engraçado vê-lo, arrimando-se, capengando, insistir na marcha difícil. Ao chegar a um portão, lançava o estribilho:

— *Aqui não há quem nos detenha,*
Não há quem vença a nossa galhardia.

Ficava assim minutos a esgoelar-se, até que o guarda nos abrisse passagem.

capítulo 20

UMA NOITE chegaram-nos gritos medonhos do Pavilhão dos Primários, informações confusas de vozes numerosas.

Aplicando o ouvido, percebemos que Olga Prestes e Elisa Berger iam ser entregues à Gestapo: àquela hora tentavam arrancá-las da sala 4. As mulheres resistiam, e perto os homens se desmandavam em terrível barulho. Tinham recebido aviso, e daí o furioso protesto, embora a polícia jurasse que haveria apenas mudança de prisão.

– Mudança de prisão para a Alemanha, bandidos.

Frases incompletas erguiam-se no tumulto, suspenso às vezes com a transmissão de pormenores. Isso durou muito. Pancadas secas nos mostravam de longe homens fortes balançando varões de grades, tentando quebrar fechaduras. No dia seguinte vários cubículos estariam arrombados, imprestáveis algum tempo. Na Sala da Capela um rumor de cortiço zangado cresceu rápido, aumentou a algazarra. Apesar da manifestação ruidosa, inclinava-me a recusar a notícia: inadmissível. Sentado na cama, pensei com horror em campos de concentração, fornos crematórios, câmaras de gás. Iriam a semelhante miséria? A exaltação dominava os espíritos em redor de mim. Brados lamentosos, gestos desvairados, raiva impotente, desespero, rostos convulsos na indignação. Um pequeno tenente soluçava, em tremura espasmódica:

— Vão levar Olga Prestes.

A queixa lúgubre deixava-me em situação penosa; esforçava-me por extingui-la. Nenhuma verossimilhança: com certeza aquilo era boato, consequência de imaginações desregradas. Vivíamos num ambiente de fantasmagorias. Asserções imprevistas me deixavam zonzo, entre a realidade e o sonho, a perguntar a mim mesmo, considerando um homem que se transformava em duende: "Estará doido? Ou serei doido eu?"

Dias antes, ao apagarem-se as luzes, deixara-me ficar num banco, debruçado nas tábuas dos cavaletes, lendo sob o quebra-luz de papel. De repente, barulho no fundo escuro da sala. José Brasil se erguera excitado, acendera todas as lâmpadas:

— Acordem, abram os ouvidos. Há metralhadoras lá embaixo, assestadas contra nós. É estúpido morrer como carneiros. Não ouviram? Acordem, vamos preparar a defesa.

Várias pessoas roncavam; outras se moviam chateadas, esfregando os olhos; algumas se deixavam contagiar, admitiam perigos indeterminados. E José Brasil comandava, indicava posições:

— Fiquem aqui, resguardem-se. Não passem diante das janelas.

Feitas indagações, descobrira-se enfim a origem das metralhadoras: os ratos, no altar, haviam roído uma estante, derrubado um missal, causando o enorme espalhafato. Devia agora existir uma ilusão dessa espécie: alguém se embrenhara em fantasia maluca, achara adeptos, e ao cabo de uma hora as duas casas estavam contaminadas pela estranha loucura.

Em roda entraram a sacudir as persianas velhas, jogaram no pátio as moringas: privaram-nos de água. Os tamancos batiam firmes no chão movediço. Doía-me saber que essas rijas manifestações não teriam nenhum efeito no exterior. As duas mulheres sairiam do Brasil se a covardia nacional as quisesse entregar ao assassino estrangeiro. A ideia repelida voltava; enfraquecia o desejo de amortecê-la. Para que buscar a gente enganar-se? Eram capazes de tudo. O rumor crescia, as vozes aumentavam. Em ligeiras pausas nessa borrasca inútil, engarrafada, chegavam-nos informes que, para ser compreensíveis a tal distância, vinham, julguei, dos pulmões, poderosos como foles, do tremendo Lacerdão. Nesses hiatos visitava-me a esperança de que os bichos antipáticos se houvessem retirado. Meia dúzia de palavras aniquilava-me o otimismo.

Em duro silêncio, fumando sem descontinuar, sentia na alma um frio desalento. Mas por que, na horrível ignomínia, haviam dado preferência a duas criaturas débeis? Elisa Berger, presa, era tão inofensiva quanto o marido, preso também. Contudo iam oferecê-la aos carrascos alemães, e Harry Berger permanecia aqui, ensandecido na tortura. O nazismo não exigia restos humanos, deixava que eles se acabassem devagar no cárcere úmido e estreito. Durante a noite, na sala

4, Elisa despertava banhada num suor de agonia, os olhos espavoridos. A lembrança dos tormentos não a deixava; um relógio interior indicava o instante exato em que, meses atrás, a seviciavam na presença de Harry, imóvel, impotente. Olga Prestes, casada com brasileiro, estava grávida. Teria filho entre inimigos, numa cadeia. Ou talvez morresse antes do parto. A subserviência das autoridades reles a um despotismo longínquo enchia-me de tristeza e vergonha. Almas de escravos, infames; adulação torpe à ditadura ignóbil. Nasceria longe uma criança, envolta nas brumas do norte; ventos gelados lhe magoariam a carne trêmula e roxa. Miséria – e nessa miséria abatimento profundo.

A cabeça entre as mãos, os olhos fixos no mosaico, tentava desviar-me dali, fugir ao pesadelo. Acendia um cigarro, jogava-o fora, acendia outro. Esse exercício, único, enervava-me. Não seria possível fazer outra coisa? A brasa do cigarro a queimar-me os dedos convencia-me de que não me achava adormecido. Era uma vigília, sem dúvida, infelizmente diversa de outras aparecidas meses antes, quando a polinevrite me lançava à espreguiçadeira, na saleta do café. Ideias fúnebres iam, vinham, engrossavam-me o coração. Miseráveis. O campo sórdido, o opróbrio, a dor. E depois os fornos crematórios, as câmaras de gás. Outras figuras em roda permaneciam inertes como eu, cabisbaixas, olhos no chão. Carlos Prestes, isolado, estaria assim, mas ignorava as ameaças à companheira. Chegaria aos seus ouvidos um som confuso do imenso clamor. De que se tratava? Pegaria um livro, mergulharia no estudo vagaroso e tenaz. A vozearia abafada não tinha para ele significação. E passaria meses sem poder inteirar-se da enorme desgraça. O tenente gemia, e as palavras invariáveis pareciam ter apagado as outras, escorregavam num soluço:

– Vão levar Olga Prestes.

Era afinal um desafogo manifestar-se alguém, insurgir-se de qualquer forma. Os utensílios da marcenaria malhavam as portas, abafavam, às vezes, o lamento do rapaz. Havia uma suspensão, e as sílabas chorosas reapareciam. Os indivíduos expansivos imaginavam talvez estar sendo razoáveis: pancadas e gestos de indignação serviriam para alguma coisa. Horrível era o desânimo de muitos, a certeza de que a cidade se afastava de nós, indiferente.

– Para que isso? – perguntava a mim mesmo impacientando-me. Ignoram tudo, e a imprensa, vendida, nos enegrece.

A lamúria do rapaz mexia-me os nervos. Lembrei-me da viagem à Colônia Correcional. Demorara-me diante dos cubículos, a despedir-me dos companheiros. No pavimento de baixo, ao transpor a larga porta, lembrara-me de ver as mulheres da sala 4: encaminhara-me à direita, subira a escada. No atordoamento, não me era possível examiná-las direito. Estavam à grade, em filas, umas no solo, outras suspensas, os tamancos pisando as traves, as saias entaladas, as pernas entre os varões de ferro, seguras a eles. "Adeus." "Boa viagem." Pedaços de rostos, mãos, coxas, tamancos, frases amáveis, sorrisos, misturavam-se, vagos, inconsistentes. Na ala inferior, branca e serena, Olga me atirara alguns sons guturais, provavelmente a expressão de bom desejo, difícil de perceber naquela situação. A pequena distância, os bugalhos de Nise e os lábios sangrentos de Valentina. Desviara-me zonzo, descera, levando fragmentos vivos, a grulhada imperceptível e, dominando tudo, a fisionomia tranquila, a alvura de nata, algumas palavras lançadas com pronúncia exótica.

Certa manhã, na enfermaria, Elisa Berger surgira de repente na entrada ao fundo. Havia ali duas grades, a limitar um vão diminuto, e pelo menos uma estava sempre fechada. Naquele dia as duas se achavam destrancadas, exatamente quando Elisa passava por elas, dirigindo-se ao gabinete do dentista. Rápida, a mulher entrara e, examinando cautelosa os arredores, estendera um envelope a Eneida, cochichara um instante e sumira-se, dando-me apenas o tempo necessário para notar que estava mais abatida e mais grisalha. Pouco depois as chaves tilintavam nas fechaduras. E sexta-feira à tarde os papéis fraudulentos haviam deixado a prisão, na bolsa de uma espanhola sonsa, que dizia ao velho Nunes quando obtinha visita extraordinária: "Nossa Senhora é quem lhe há de pagar, seu major."

Agora, sentado na cama, esforçava-me por escapar ao charivari embalando-me num pensamento que várias vezes me havia ocorrido. Era estranho as duas grades, em geral trancadas, fiscalizadas, se abrirem à passagem de Elisa Berger, e em seguida se fecharem como se nada irregular existisse. A coincidência trazia-me dúvida e espanto. Seria coincidência? Um minuto de abandono, suficiente para o contrabando; nenhum vigia no recinto circular. Finda a manobra, um guarda viera de supetão, rigoroso e desconfiado, metera as linguetas nos encaixes. Mas porque se ausentara quando a ausência dele favorecia uma infração? Conveniência. Esta ideia me assaltara e fixava-se, embora me apoiasse em meros indícios. Uma débil esperança animou-me: outros cúmplices tentariam salvar as infelizes. Abafei com desânimo a ilusão: se algum doido quisesse arriscar-se por elas, seria inútil e nada conseguiria. Enfim não se tratava de obséquio miúdo: retirar-se uma pessoa, voltar ao cabo de um instante, com firmeza e energia, receosa de comprometer-se.

As horas arrastavam-se, vagarosas, a balbúrdia aumentava um pouco, diminuía. Em frente à sala 4, a polícia jurava que as duas vítimas não sairiam do Brasil. A promessa nos era transmitida com hiatos, abafada e rouca. Espaçavam-se os gritos, as forças minguavam, não se prolongaria a resistência.

Tarde, a matilha sugeriu um acordo: Olga e Elisa seriam acompanhadas por amigos, nenhum mal lhes fariam. Aceita a proposta, arrumaram a bagagem, partiram junto a Campos da Paz Filho e Maria Werneck. Ardil grosseiro. Apartaram-nos lá fora. Campos da Paz e Maria Werneck regressaram logo ao Pavilhão dos Primários. Olga Prestes e Elisa Berger nunca mais foram vistas. Soubemos depois que tinham sido assassinadas num campo de concentração na Alemanha.

capítulo 21

UM JUIZ do Tribunal Especial veio interrogar os presos que tinham processo. Mandou chamá-los à secretaria. Ninguém foi lá. Era paisano e bacharel, e os militares se encarregaram de ridicularizá-lo muito depressa.

Acomodatício, o homem se instalou a alguns passos dos cubículos onde se arrastavam discussões trabalhosas e se compunham relatórios, manifestos, correspondência todas as semanas entregues aos correios de saias que nos visitavam no Cassino. Numerosos convites foram feitos, repisados com paciência. Nenhum transtorno aos rapazes. Atravessariam de relance o pátio miúdo e, descerrando um portão, entrariam numa sala, diriam meia dúzia de palavras necessárias. Só. Nem precisavam mudar a roupa. Concessão temerária: insinuavam-lhes falar quase nus à autoridade, o que realmente se deu pouco depois. Naquele momento rejeitaram a condescendência, intratáveis, duros, e insubordinaram-se. O local das reuniões secretas, vizinho ao refeitório, semelhava um cortiço de abelhas assanhadas. Não se reconhecia o Tribunal Especial, cópia do fascismo. Aquela gente anfíbia, que ainda misturava peças de farda ao vestuário civil, calejava nos exercícios e tinha o coração perto da goela. Ia e vinha, subia e descia a escada, empurrava com força os dois portões fronteiriços, simulava não enxergar o magistrado paciente e chinfrim da justiça reacionária.

Por três ou quatro dias as mesmas cenas se renovaram: intimações, recusas, o sujeito da lei nova abancado horas a fio, surdo a remoques, seguro ao osso miserável do emprego. Surgiu-nos, com certeza por isso, um funcionário de modos policiais. Chegou-se com pés de gato às tábuas dos cavaletes, abriu uma pasta, desdobrou papéis, rosnou sons indistintos. Aproximando-me, conheci o intuito dele: convidava algumas pessoas a prestar declarações. Pegou uma lista e iniciou a chamada:

– Lourenço Moreira Lima.

Isso não produziu nenhum efeito. Ao redor, indiferentes, jogavam xadrez, percorriam jornais, como se nada tivessem ouvido. Na frieza e na falta de respeito à ordem, o tipo gaguejou o apelo com voz mais forte. De camisa e cueca, sentado na cama junto ao altar, Moreira Lima tossiu, levou a mão à orelha, informou-se:

– An! Comigo! Não temos negócios não. Passe adiante.

O funcionário fez ouvidos moucos à negativa e prosseguiu a leitura, fria, mecânica, profissional; os indivíduos mencionados pareciam distantes dali. Aquilo iria ter consequências desagradáveis, sem dúvida; se pudessem, alguns procurariam evitá-las, mas receavam mostrar-se covardes. A rebeldia inicial originava repulsa unânime, dava-nos fugitiva impressão de fortaleza. O instrumento da polícia arrumou as folhas e retirou-se. Que diabo nos aconteceria?

O juiz flexível cansou na espera inútil, desapareceu, foi substituído por outro, severo, intransigente, de maus bofes, oficial do exército. Esse usou método rápido e eficaz. Inteirou-se da oposição, entendeu-se com o diretor e ordenou conciso o arrastamento dos cabeçudos ao interrogatório. Como os guardas eram incapazes da tarefa, requisitou a polícia especial, que veio numerosa e bruta, invadiu as celas, distribuiu pancadas, malogrou a resistência.

Da saleta do café, ouvi um barulho feio. Entrei na oficina de encadernação, abri uma veneziana, vi Sócrates passar, de cueca e tamancos, agarrado por dois ferrabrases patibulares. Um tipo surgiu, bem vestido, solto, na disciplina da caserna, a publicar a dissidência amarga que fermentava na prisão.

Afastei-me, fui debruçar-me a uma das janelas próximas aos cavaletes. Lá embaixo havia metralhadoras dirigidas a nós, e homens fortes de bíceps enormes, cabeças vermelhas de galo-de-campina, andavam firmes, a expor energia. Pensei na extravagância de José Brasil, motivada pelos ratos, quando as luzes se apagavam. Já não era preciso buscarmos perigos insensatos no escuro da noite. A alguns metros, dia claro, lá estavam armas reais, indubitáveis, as bocas erguidas, e rijos latagões de cócoras, acertando a pontaria.

Essa fanfarronada impressionou menos que a fantasia louca de José Brasil. Diante das máquinas de aço a imaginação e a curiosidade esmoreceram. A princípio ainda chegávamos ao parapeito, ficávamos algum tempo a observar a rumorosa exposição de força, na verdade inofensiva. Queriam apenas amedrontar-nos. Convencia-me disso vendo os gestos ásperos, as carrancas e os longos manejos invariáveis das robustas crianças perversas. Logo nos habituamos: no dia seguinte era como se o aparato marcial sempre nos tivesse feito a ameaça inútil. Conservaram-se ali, talvez, uma semana; praticadas as violências profissionais, retiraram-se, e a polícia da casa pôde levar os moços exaltados ao juiz escabroso.

Certa manhã, depois do café, anunciaram-me visita. Arranjei-me à pressa, desci, fui ver minha mulher na alfaiataria, onde se realizavam esses encontros irregulares, frutos de engenhosos pretextos, renovados, modificados com êxito. Sentamo-nos em cadeiras de vime, o Sousa alfaiate arredou-se discreto. Algumas perguntas e respostas chochas revelavam-me, nesses momentos de exceção, que a mulher gastara energia sem proveito. Como estava a saúde? Havia notícia das crianças? Que diziam de nós lá fora? Éramos uns patifes, segundo os jornais. Informando-me, queria saber se o juízo severo continuava firme na opinião pública ou se se notava qualquer mudança. Os meninos, sem novidade. E passávamos bem. Minha mulher não tinha doença. As dores das pernas já não me atormentavam, os cabelos cresciam: era-me possível usar pente. O vagabundo repulsivo, de cor terrosa e bochechas cavadas, visto no espelho meses atrás, desaparecera. Sentia-me lerdo e começava a engordar; apraziam-se a inércia, a cama, os cochilos; o menor esforço fatigava-me.

Naquela manhã, narrados os últimos sucessos, internos e externos, repisamos assuntos, caímos em silêncio. De repente ouvimos altos brados. Erguemo-nos, chegamos à porta, enxergamos à direita um grupo confuso. Já me habituara a cenas iguais: iam levando um acusado ao interrogatório.

Trouxemos cadeiras para a calçada, aí nos instalamos curiosos. Um novelo de corpos agitados passava diante de nós, a pequena distância. Arregalando os olhos, distingui Álvaro de Sousa, suspenso, a debater-se com desespero, nas mãos de quatro homens que lhe seguravam rijo os braços e as pernas. A cabeça, desgovernada, subia, descia, em duros solavancos, tentava equilíbrio; o rosto se avermelhava furioso; a boca torcia-se, vomitava injúrias ao governo, à justiça nova, ao exército. Alongando o pescoço, mostrava a cicatriz da navalha que lhe cortara músculos importantes, modificara a fisionomia que, batida pelo sol, aparentava insana mistura de raiva e escárnio. Os insultos não diminuíam. E transportaram assim o capitão Álvaro de Sousa, meio despido, a exibir marcas de tiros na barriga e no tórax, fardo incômodo.

Afastara-se, o barulho declinou, sumiu-se. Diante do vulto escuro, turbulento, recobramos ideias e ânimo; reapareceram as palavras fugitivas. Parecia-nos que Álvaro se abalava à toa, desperdiçava forças dele e de outros. A coragem louca perdia-se. Berros, esgares, movimentos de bicho feroz dominado a custo, seriam indistinto rumor além dos muros da prisão. E nada valiam serem percebidos: o juízo venenoso dos jornais insinuava-se nos espíritos.

Novo magote nos perturbou a conversa, mas esse mexia-se tardo, em desânimo visível. Uma pessoa, chamada a prestar declarações, resolvera deitar-se, e não houvera meio de colocá-la em posição vertical. Necessário transportá-la daquele jeito, provisoriamente aleijada. Espantou-me nela a ausência de contorções, uma serenidade a contrastar com os destemperos de Álvaro, pouco antes. Os carregadores moviam-se vagarosos, sem esforço, e outros indivíduos vinham atrás, como gatos-pingados a realizar um enterro pobre. Tínhamos na verdade a impressão de nos acharmos num cemitério. No primeiro momento não reconheci a figura inerte, franzina, leve, metida num pijama de riscas. A alguns metros do portão a carga exígua deu sinal de vida e chegou-me a voz metálica de Agildo, cortante como lâmina:

— Bem. Já fiz o meu protesto. Larguem-me, vou levantar-me.

Não pedia: apesar de falar baixo, dava uma ordem, concisa e dura. Três homens o soltaram; o quarto, um negro alto e magro, continuou a segurar-lhe a perna direita.

— Larguem-me — repetiu o moço, as costas no chão, uma banda meio levantada.

Não alcançando, na situação desfavorável, a obediência a que se habituara, encolheu-se, retesou os músculos e jogou um vigoroso pontapé na cara do negro.

A ponta do tamanco feriu carne, cartilagens, e o infeliz recuou limpando as ventas ensanguentadas. Finda essa proeza, rápido bote de cobra, Agildo retomou o sossego. Um instante depois marchava seguido pelos guardas, lento, economizando energia para ofensas acres ao juiz atrabiliário.

capítulo 22

UMA NOITE, depois do chá, os militares trouxeram para o salão todos os bancos do refeitório. Alinharam perto dos cavaletes esses móveis toscos e em poucos minutos se formou um tablado, que mantas e lençóis ocultaram, seguros a cordas presas às paredes e às janelas. Num quarto de hora a prisão se mudou em teatro; íamos assistir a uma comédia. A peça não fora escrita: examinara-se o assunto nos cubículos, à tarde, e os atores, de improviso, desenvolveriam em liberdade os seus talentos no decurso da representação.

Enquanto se arranjava a cena, um grupo cochichava os últimos retoques à obra de arte composta de afogadilho. A plateia se organizou; os artistas muniram-se de cadeiras, de instrumentos necessários, subiram ao palco, afastando as cortinas grosseiras. Não havia ponto nem contrarregra: subordinando-se ao plano, cada qual teria o direito de entrar, sair, dizer qualquer coisa ou não dizer nada. Os papéis cresceriam, diminuiriam, conforme as circunstâncias. Que iria sair dali? Provavelmente não sairia nada, mas estávamos de pé, olhos e ouvidos atentos, longe do *crapaud*, do xadrez, da paciência. O ensaio geral se realizava lá dentro, num burburinho.

Súbito, o pano de boca se descerrou e distinguimos uma caricatura do tribunal que nos chateara uma semana. Em torno de uma pequena mesa, alguns sujeitos exibiam influência e carranca: Flávio Poppe, Rollemberg, outros fardados, à paisana. Faziam sinais, folheavam papéis, sérios, atentos, em discussão muda. Ao centro, enrolado num paletó negro, uma pasta de algodão na gola, fingindo arminho, Apporelly coçava a barba e presidia, com bocejos. Diante dele, os braços amarrados às costas, um lenço a tapar-lhe a boca, erguia-se um tenentezinho débil, insignificância, tão magro e baixo que o tratavam por filhinho do Agildo. Pegara a alcunha: miúdo, franzino, Agildo se avantajava ao rapaz em músculo e estatura. Ao fundo, um tipo se agachava, as abas do chapéu a cobrir-lhe o rosto; fumava e cuspia no chão e nas paredes de pano.

— É o tira — disse Flávio Poppe a um vizinho, indicando esse espantalho sombrio, de cara invisível.

Durante algum tempo os juízes mexeram nos autos, a murmurar segredos. Aquietaram-se, e Apporelly entrou a resmungar uma extensa arenga, de que não se distinguia uma palavra. Zangava-se, batia na mesa, dirigia-se interrogativamente à figurinha amordaçada e imóvel. Depois de muito rosnar sons indistintos, balbuciou uma ordem pastosa:

— Defenda-se.

A criatura deu um passo, diligenciou levantar as mãos presas, estirou o pescoço, um gorgorejo rouco esmoreceu-lhe na garganta.

– Defenda-se, covarde – gritou Apporelly, esmurrando o ar, bravio.

Conteve-se, esperou, esfregando o pelame revolto da cara; dirigiu-se aos colegas:

– Não quer defender-se. Precisamos nomear-lhe um advogado.

Os outros concordaram, mas a escolha de patrono razoável originou um diálogo cheio de quiproquós. Avançavam, recuavam; o presidente, amolado, assentia, dissentia, embrulhava-se, ajeitava na gola a pasta de algodão rebelde, pregava os olhos no acusado, aproximava dele as cerdas longas e ásperas de javali:

– Defenda-se, canalha.

O tenente permaneceu quieto na mordaça e na corda.

– Não é possível ser julgado sem defesa – tartamudeou Apporelly.

Agarrou uma folha e, vagaroso, tremelicou a redigir, riscar, de espaço a espaço virando-se para os lados, em consultas breves e moles aos figurantes do tribunal. Chamou o tira, ofegou um mandado bambo. O funcionário moveu-se, capengou, recebeu o papel, retirou-se pela porta única, ao fundo, a cuspir, a derrear-se, embicando o chapéu. O presidente esganiçou um risinho de aprovação babosa à força material e esfregou as mãos alegre, como se os muques da segurança pública fossem dele. Um minuto os juízes se entretiveram em conversa animada e silenciosa. O polícia, rebocando um homem, veio interrompê-los:

– Entra, chefe. O doutor chamou.

Só aí, pela voz rouca, distingui o indivíduo oculto sob as abas imensas do chapéu: era Morais Rego, um oficial de intendência, teimoso em excesso. Meses atrás, na enfermaria, nunca deixava de contrariar-nos lançando ideias extravagantes; se acaso pensávamos como ele, mudava de opinião. Encolheu-se, foi representar, exímio, o seu papel de cão de fila.

E Ivan Ribeiro surgiu, chegou-se ao réu, entabulou um discurso em linguagem profundamente revolucionária, sem nenhuma deferência aos magistrados. Jogou em cima deles pedaços do programa da Aliança Nacional Libertadora e frases que diariamente se renovavam para animar os espíritos vacilantes. Pão, terra e liberdade – exigiu firme. Arrojou-se a atacar o governo e apresentou como herói o vivente mesquinho, deslocado nas ataduras. Foi pouco além do introito. Logo aos primeiros arremessos, os julgadores alarmaram-se, arrepiaram-se como se os mordessem pulgas; entenderam-se à pressa, com visível receio de que tais desconchavos fossem ouvidos lá fora. A um gesto de Apporelly, Morais Rego chegou-se a Ivan, segurou-lhe um braço, indicando a porta:

– Anda, chefe. O doutor mandou.

O inconveniente defensor prosseguiu nas horríveis diatribes; levado aos empurrões, saiu a vociferar desacatos furiosos à justiça. Pancadas, berros, luta a esmorecer, a distanciar-se; veio o silêncio, quebrado agora por um forte pigarro nos bastidores. Esse rumor conhecido revelou a nova personagem. O polícia voltou; falou baixo ao presidente, foi agachar-se à entrada, apontou a mesa com o polegar, dirigindo-se a uma pessoa invisível. E Moreira Lima apresentou-se, curvo, temperando a garganta, a apalpar as virilhas, a ajeitar a funda. Avançou, cumprimentou, digno.

– É outro advogado que vem patrocinar a causa deste miserável – bocejou Apporelly, sonolento, aos parceiros.

E, voltando-se para o recém-chegado:

– Tem a palavra.

– Senhores membros do colendo Tribunal Especial – começou o bacharel feroz aproximando-se da mesa.

Pegou um caderno, abriu-o enfastiado, largou-o:

– Eu nem preciso examinar o processo, pois este caso é notório. O réu presente não esconde os seus crimes. Atentou contra as nossas instituições, conspirou, usou bombas e combateu as forças legais; todo o mundo sabe. Tomou parte na insurreição de Natal e sublevou-se em Pernambuco; todo o mundo sabe. Envolveu-se no barulho do 3º Regimento, não pode negar; todo o mundo sabe. No mesmo dia insurgiu-se na Escola de Aviação; todo o mundo sabe. Redigiu manifestos sediciosos, organizou comícios, pichou muros e escreveu artigos violentos em jornais clandestinos; todo o mundo sabe.

A cavernosa tosse costumeira algumas vezes interrompia as afirmações decisivas.

– Mas, senhores juízes – arquejou o extraordinário rábula –, o acusado mostra pelo menos uma virtude: não procura inocentar-se. Obrigado a interrogatório, permaneceu quieto, e a denúncia está sólida. As faltas dele são graves; todo o mundo sabe. E no estado em que se acha não lhe seria possível negá-las. Além disso, devemos reconhecer, temos diante de nós um irresponsável. É um infeliz, um pobre-diabo, ruína física. Pela cara vemos perfeitamente: um imbecil, um idiota. Sem dúvida obedeceu às instruções dos agentes de Moscou. Assim, venerandos juízes, não venho pedir justiça, que este indivíduo é um canalha; todo o mundo sabe. Espero clemência, e baseio-me nas tradições misericordiosas da nossa cultura ocidental. Uma pena suave, meritíssimos juízes, aí uns trinta anos, porque enfim este bandido serviu de instrumento.

A defesa calou-se. A presidência esfregou o queixo barbudo, sorriu, alvitrou:

— Acho bom atendermos ao pedido, sermos generosos. Trinta anos. Que dizem? Há na verdade atenuantes. Apenas trinta anos, na Ilha Grande. Uma sentença módica.

— Excelente — concordaram todos os comparsas levantando-se.

Morais Rego moveu-se, caxingou, deu uns safanões no condenado, arrastou-o:

— Anda, chefe.

As cortinas cerraram-se. A plateia ria. Na saleta do café, os guardas riam.

capítulo 23

HOUVE efervescência nos cubículos, um rumor espalhou-se, encheu o pátio, o refeitório, a escada, os banheiros, a saleta do café – e a novidade precisou-se afinal: iam fazer a greve da fome.

– Doidice – afirmaram sujeitos graves, inimigos de abalos, ostentando experiência.

A medida extrema exigia preparação, alimento poupado em dias e meses, gasto pouco a pouco nas horas difíceis para dar lá fora a impressão de que algumas dezenas de pessoas queriam na verdade morrer em suicídio lento. Nunca me haviam ocorrido essas cautelas. Os jornais me haviam imposto a incrível resistência de certos organismos, e isto me ajudava a suportar, às vezes, semanas de fastio. Comparado à rigorosa abstinência em duras prisões da Europa e da Ásia, o meu sacrifício no porão do *Manaus* e na Colônia Correcional fora pequeno. Davam-me notícia agora de uma técnica nas privações, dosadas convenientemente, era possível comunicá-las ao exterior, mandá-las a outros países em telegramas.

Estaríamos em condições de utilizar essa arma? Pensei na defesa dela, exposta por Medina, sustentada por Bagé, no terraço do Pavilhão dos Primários. Bagé rosnara motivos sem pé nem cabeça, a gaguejar, e um vizinho me tocara o braço, indignado: "Provocação." Mas faltara-lhe ânimo para manifestar-se em voz alta. As caras ao redor se anuviavam, quase todos se opunham, e quase todos, confusos, tinham aprovado maquinalmente o jejum. Finda a votação, Rodolfo Ghioldi se revelara, confessando-se vencido. Que vantagem podíamos esperar? Obteríamos publicidade? Como? A imprensa nos atacava: não éramos vítimas na opinião dela, fôramos agressores. Os deputados capazes de arriscar uma palavra a nosso favor estavam presos. Quem se interessaria por nós? O protesto ficaria em silêncio. O juízo divergente ocasionara modificação radical na assembleia, e o primeiro a desdizer-se fora Bagé, com um risinho besta, inofensivo. Não reparara naquilo, enganara-se. Leviandade. Segunda votação condenara unanimemente a coisa resolvida. Que diabo! Dependíamos de criaturas levianas. Depois, no colchão duro, na preguiça regulamentar, com frequência uma ideia me assaltara, desagradável, misturada a conversas chatas e a percevejos. Homens vaidosos e ingênuos. Seriam realmente ingênuos? A quem aproveitava a ingenuidade? "Enganei-me." Engano suspeito. Se o conselho rebelde se efetuasse, alguns de nós iriam resfriar-se no chão molhado, em celas escuras. Um sopro me deixara no ouvido o aviso severo: "Provocação."

Esse caso infeliz ressurgia enquanto os rapazes se agitavam semeando razões para greve. Achei-as bem fracas, mas afastei a ideia de existirem provocadores entre os homens que as defendiam. Vários deles eram meus inimigos, e isto deve ter-me levado a esforçar-me por ser imparcial. Não me sentia propenso a cultivar ódios. Certos indivíduos tinham sido injustos e grosseiros comigo. Teriam sido? Grosserias e injustiças esfumavam-se, vapor, sumiam-se rápido no ambiente a que nos submetiam. Ganhavam raízes os fuxicos de um energúmeno meio cego que via gênios em toda a parte. Mole, deixando a enfermaria antes da cura, desanimava-me a ler desgraças na Espanha. Enxergava ali uma derrota provisória: ainda amargaríamos tempos duros. "Então você não acredita na vitória da revolução?" perguntara-me um oficialzinho cheio de susto. "Não acredito em nada, meu caro. Não sou crente. Julgo infalível a vitória da revolução, hoje, amanhã, não sei quando. Isto não é crença. É certeza. Se eu pudesse acreditar, acreditaria nos anjos, em Deus, que têm pelo menos a vantagem de serem velhos." Dizendo tais horrores, furtava-me a explicações – e era razoável evitarem-me. Além disso recusara-me a fazer conferências, a escrever um artigo e não atentara na eleição do Coletivo.

Em suma: reacionário pessimista. Walter Pompeu buscava exasperar-me narrando comentários arrasadores. Paciência. Muitos vinham da caserna, tinham hábitos diversos dos meus, eram rigorosos com as pessoas indiferentes às canções patrióticas. Isso nos afastava, mas de nenhum modo me levava a supor que eles quisessem mandar-me para a Colônia Correcional. Pensando bem, sentia-me perplexo, custava-me a ver em Mediria um provocador. Também ele fora enviado à Colônia. De volta, achara bom trancarem-me lá, darem-me assunto para um livro. Debaixo de ramos que nos importunavam, a bater asas, a trilar, desejara que me deixassem uns dias faminto, no barracão sórdido. Sairia dali uma história magnífica. Esse prognóstico amável não me seduzia. Preferível deixarem-me em paz, longe de trabalhos inúteis e responsabilidades. Bagé sumira-se, mas este propriamente não vivia, era simples apêndice. Finda a inexperiência, inclinava-me a agradecer a Mediria os bons propósitos. Irrealizáveis, sem dúvida. Cubano e Gaúcho ficariam desconhecidos, ou apareceriam deformados e imóveis, esboços feitos a custo, na ignorância. Não me seria desagradável tornar a vê-los, completar observações, aprender alguma coisa. Voltar à Colônia, deitar-me na esteira podre, na cama suja de hemoptises, falar a Cubano, embalar-me nas aventuras de Gaúcho, saber como ele fugira de Fernando de Noronha. Esvaíra-se o princípio dessa fuga arriscada – e era-me preciso reconstituí-la. Embora o pormenor não tivesse importância, agarrava-me a ele, queria debalde lembrar-me de uma frase duvidosa, em gíria. Provavelmente as narrações de Gaúcho eram mentiras, e isto me prendia – e nos aproximava. Que havia nos meus livros? Mentiras. A necessidade horrível de entrar no galpão imundo, conversar com os meus amigos, perseguia-me. Os políticos me condenavam essa fraqueza – porque enfim Gaúcho, Cubano, Paraiba e seu Mota eram rebotalhos sociais, criaturas perdidas. Eu próprio havia dito isso quando França diligenciava meter ideias revolucionárias no espírito rombo de um infeliz como Paulista. Achava-me incoerente, a acusar e a inocentar Medina e Bagé. A greve falhara. Esboçava- se outra.

Idas e vindas para cima e para baixo, murmúrios, constante barulho de tamancos na escada, argumentos sagazes – e o plano se desenvolveu pouco a pouco. Uns doidos, opinava firme Vergílio Benvenuto, largando a vitrola, os jornais, os retratos de mulheres nuas. Resolviam-se de improviso, sem método. A prudência de Rodolfo Ghioldi fazia-me observar com desgosto os preparativos. Havia ensejo de publicidade? Logo notei que os rapazes dos cubículos não causariam transtorno a outros indivíduos: seriam eles os prejudicados. A gente da Sala da Capela refugou o convite. Vantagens indecisas, remotas, exibidas com ânimo, foram vãs. Eram recentes as desordens praticadas nas barbas do tribunal, as consequências delas estavam bem vivas. Teríamos de novo no pátio os bichos fortes de cabeças vermelhas, a apontar-nos metralhadoras; safanões, resistência, gritos, baques, protestos ineficazes, homens em desespero, quase nus, levados à força. Imaginávamos as cenas desagradáveis, invariáveis; já nem sequer nos atraía a novidade. A coragem cega de Álvaro de Sousa e a dureza metálica de Agildo perderiam com a repetição. Esbanjaram-se alguns dias em extensas arengas – e as duas sociedades próximas não chegaram a entender-se. Vários dos meus vizinhos se resignariam sem dificuldade ao projeto insano, mas eram pouco numerosos e nem conseguiram manifestar-se. A maioria, composta de engenheiros, médicos, jornalistas, advogados, intelectuais mais ou menos desiludidos em contatos rápidos com operários analfabetos e suspeitosos, reunia as suas ciências, entrincheirava-se nelas, desprezando naturalmente os indivíduos alheios aos ofícios complexos. No meio fecundo em autoridade e orgulho, barbas severas, gestos altivos, períodos longos, silêncios eruditos, quebravam-se as decisões dos moços do andar inferior, amigos da ginástica, ruidosos, espalhafatosos, sempre dispostos a levar as questões mais simples às vias de fato.

Esses não se detinham em raciocínios lentos, na regra: às vezes mandavam à fava as premissas, iam direto a conclusões apressadas, inconsequentes. As recusas expostas em voz alta encobriam as diferenças de temperamento e educação; e mais fortes, mais decisivas, havia as discórdias, meses antes apenas entrevistas, depois claras, indisfarçáveis. O malogro inicial fez-me presumir uma desistência: não quereriam exibir a falta de solidariedade. Enganei-me. Findas as consultas, o refeitório se despovoou.

Ao descer para o café, notei que, nos bancos muitos claros, podíamos mexer-nos à vontade, pôr os cotovelos em cima das tábuas. Perto um rumor ia crescendo até mudar-se em gritos, baixava, tornava a subir, e percebia-se na algazarra um estribilho concebido para amolar a administração. Aquilo, repisado no mesmo tom, era irritante. O velho Nunes, coitado, ia ver-se em talas. Não nos queixávamos dele, e era difícil arranjar um pretexto razoável para a rebeldia. Lá em cima as conversas, o pezunhar dos tamancos, os discos da vitrola sufocavam a balbúrdia, mas da saleta do café ouvia-se distintamente o refrão insensato. Ignoro que exigência formulavam. Se não me equivoco, alguns receavam debilitar-se, enxergar no major um tipo amorável, propenso a condescender. Lembrei-me do Pavilhão dos Militares, besuntado, lavado, esfregado, muito diferente da Sala da Capela. Dormíamos no chão; à noite, o frio intenso nos mordia a carne. Debaixo, dos lençóis curtos, precisávamos encolher-nos, batíamos os dentes como caititus. Agulhas picavam-me as orelhas; as minhas mãos geladas procuravam aquecer-se entre as coxas insensíveis. Na perna direita a insensibilidade aumentava, descia ao joelho, passava daí. Pela manhã os pardais nos levantavam.

Conversas bambas, anedotas ingênuas, esperanças débeis, os óculos, o ronrom asmático e a fraqueza de seu Eusébio. A comida excessiva e gordurosa causava náuseas. Um dia os homens fortes, Cabezon, Petrosky, Zoppo, imóveis na digestão do almoço, não tinham conseguido jantar. E um guarda correra a perguntar se a devolução das marmitas significava indisciplina. Que ideia! Significava que os presos estavam pesados, fartos como jiboias. Um diretor invisível nos ameaçava. Outro agora, apreensivo, esforçava-se por trazer ao bom caminho algumas dezenas de viventes extraviados.

Passaram-se dias. E a resistência continuava. Apenas as vozes enrouqueciam, os gritos se espaçavam, o longo estribilho exigente perdia o vigor. Os comentários à desordem, severos e monótonos, aborreciam-me. Para evitá-los, ia esconder-me na oficina de encadernação quando os operários saíam, tentava refugiar-me na leitura. Uma tarde, frases coléricas, arrogantes, soaram perto, afastaram-me do livro. Ergui-me, cheguei a uma janela, vi lá embaixo a mulher do major Nunes, uma virago terrivelmente fornida. Tinha um prato na mão, queria passá-lo entre os varões de uma cela próxima:

– Gay, tu vais comer isto.

Não se ouvia a resposta de José Gay da Cunha. Certamente se calava, no horrível constrangimento, e a oposição muda exacerbava a pobre senhora:

– Tu és meu filho, Gay. Tua mãe foi minha amiga, era como se fosse irmã. E tu és meu filho, aqui tu és meu filho. Toma, obedece.

A teimosia do rapaz magoava a excelente criatura como ofensa pessoal, causava-lhe exaspero. Tive a impressão de que ela ia meter os braços fortes entre os ferros da grade e puxar as orelhas do menino ingrato. Homem de revolução, José Gay da Cunha, tímido, risonho, muito branco, tinha na verdade a aparência de uma enorme criança. Fazia um ano que nos conhecíamos. E durante esse tempo, amável e arredio, Gay me tratava com cerimônia, como se me visse pela primeira vez. Imaginei-o confuso e pálido, a sussurrar agradecimentos difíceis e trêmulos, tentando esquivar-se à bondade violenta. A zanga rija caiu, a fala imperiosa abrandou, esmoreceu num pedido afetuoso:

— Aceita, filho. Tu não podes continuar assim. Toma. Fui eu que te preparei a comida.

Inúteis os conselhos e a dureza, a mulher deu o prato a um faxina, retirou-se em desespero, enxugando os olhos. Essa lastimosa cena deve ter contribuído para vencer a resistência dos grevistas. Fazia mais de uma semana que se obstinavam; já nem podiam gritar. Veio a renúncia uma noite. As grades se descerraram. Os homens dirigiram-se ao refeitório, magros, cadavéricos, silenciosos. Alguns, arrimando-se aos ombros dos guardas, a arrastar as pernas, foram levados à enfermaria.

capítulo 24

MINHA mulher entregou-me um papel, pediu-me que o assinasse.

Formalidade: a assinatura na linha onde havia uma cruz a lápis.

– Espera. É necessário ver de que se trata – murmurei aborrecido com a tentativa de me despersonalizarem. – Preciso ver. Que diabo é isso?

Li a folha: uma procuração a constituir o doutor Sobral Pinto meu advogado. Estupidez. Sobral Pinto defendia Prestes e Berger, tinha para nós grande importância; era idiota supor que fosse tratar de casos mesquinhos, insignificantes. Liberal, católico, homem de pensamento e homem de ação, afastava-me.

– Quem se lembrou disso? – perguntei quase irritado.

Fora José Lins, o amigo insensato que me escrevia bilhetes em beiras de jornais, arriscando-se a entrar na cadeia sem motivo. José Lins e certos camaradas nunca vistos anteriormente. Alguns escritores, muito poucos, haviam confiado no meu último livro, esperavam coisa menos besta no futuro e desejavam soltar-me. Daí a resolução de me entregarem às luzes de Sobral Pinto. A princípio esse cavalheiro não inspirava confiança. Berger o tratara secamente, num inglês misturado com alemão: suspeitava de uma defesa imposta pelas autoridades. E Sobral, sem se ofender, gastara meses num trabalho áspero, provara enfim não ser um funcionário nomeado para afligir as criaturas. Prestes se havia tornado amigo dele. Surgira, após diversas entrevistas, um terreno escasso, estreita faixa neutra, onde o materialista e o espiritualista conseguiam mexer-se. Larguei a folha, aperreado:

— José Lins é um maluco. Não escrevo isto. Para que me metem nessa encrenca? O doutor Sobral Pinto deve ser rico, e eu nem tenho dinheiro para pagar os selos da procuração. Deixem-me em paz. Não posso entender-me com essa gente. Diga a José Lins que vá para o inferno. Estou bem; não se importem comigo.

Sentia-me fraco, em desânimo excessivo. O espelho da saleta mostrava-me às sextas-feiras uma cara gorda e mole. Arrastava-me lento, as pernas bambas. A perspectiva de liberdade assustava-me. Em que iria ocupar-me? Era absurdo confessar o desejo de permanecer ali, ocioso, inútil, com receio de andar nas ruas, tentar viver, responsabilizar-me por qualquer serviço. Longo tempo me esforçara por justificar a preguiça: todos os caminhos estavam fechados para mim, nenhum jornal me aceitaria a colaboração, inimigos ocultos iam prejudicar-me. Escasseavam agora as evasivas covardes. A coragem de um editor, elogios fáceis na imprensa, vagas esperanças na minha literatura de carregação e afinal os bons propósitos de indivíduos estranhos revelavam-me solidariedade. As loucuras de José Lins não me surpreendiam: tínhamos sido companheiros na redação e no café. Mas novas camaradagens acenavam-me de longe, tão inesperadas como os obséquios de malandros e vagabundos na Colônia Correcional. Não podia encerrar-me no pessimismo; indispensável regressar à humanidade, fiar-me dela; impossível satisfazer-me com partículas de humanidade, poeira. Muito embaixo, na lama e na chuva, o frio a partir-me os ossos, um sujeito anônimo e sem rosto amparara-me, desviara-me da treva e da morte. Revolucionários infiltravam-se na polícia e procediam dessa maneira, discretos e silenciosos. Outros indivíduos chamavam-me de cima. Outros indivíduos. Como seriam eles? Imaginei-os Cubanos civilizados e brancos, desgostosos por saber-me inerte, a bocejar. As informações minguavam. Sobral Pinto não se distinguia bem do soldado paciente que me arrastara quilômetros no aguaceiro. Essa comparação atenazava-me. Achava-me propenso a misturar homens discrepantes, inconciliáveis, superiores, inferiores.

Várias vezes afirmei que não assinaria o papel, mas a afirmação era mecânica. Enquanto expunha motivos para não assinar, deixava-me levar por motivos opostos, não expressos. Reli a procuração e, numa incongruência aparente, lancei o meu nome na linha indicada. Minha mulher ia sem dúvida considerar-me estulto. Nunca me explicava, e os atos divergiam com frequência das palavras. Certamente era pusilanimidade resignar-me à prisão, engordar, enfraquecer, jogar *crapaud*.

Uma ideia me afligiu naqueles instantes de indecisão: temi, recusando a oferta, ser grosseiro com os amáveis desconhecidos. Respirei, mudei de assunto, livre de pensamentos contraditórios. Dias depois chamaram-me à secretaria. Aí se apresentou um cidadão magro, de meia altura, rosto enérgico, boca forte, olhos terrivelmente agudos: Sobral Pinto. Inquietou-me vê-lo perder tempo em visita a um preso vagabundo, refugo da Colônia Correcional: imaginara que apenas redigisse ou mandasse redigir uma petição de *habeas corpus*. Estragava a manhã vindo falar-me. O advogado sentou-se, afastou essas lamúrias com um gesto seco, abriu a pasta e começou a interrogar-me. Era o primeiro interrogatório a que me submetiam. Ouvi perguntas e dei respostas embrulhadas; maquinalmente peguei uma folha de papel e um lápis; mas achava-me tão confuso que, referindo-me à Casa de Detenção, fiquei sem saber se devia escrever detenção com s ou ç. Risquei, tornei a riscar – a incerteza permaneceu. No cipoal de questões enrasquei-me:

– Ora, doutor, para que tantas minúcias? Como é que o senhor vai preparar a defesa se não existe acusação?

O advogado estranhou a minha impertinência. Em que país vivíamos? Era preciso não sermos crianças.

– Não há processo.

– Dê graças a Deus – replicou o homem sagaz espetando-me com o olhar duro de gavião. – Por que é que o senhor está preso?

– Sei lá! Nunca me disseram nada.

– São uns idiotas. Dê graças a Deus. Se eu fosse chefe de polícia, o senhor estaria aqui regularmente, com processo.

– Muito bem. Onde é que o senhor ia achar matéria para isso, doutor?

– Nos seus romances, homem. Com as leis que fizeram por aí, os seus romances dariam para condená-lo.

Não me ocorrera tal coisa. Os meus romances eram observações frágeis e honestas, valiam pouco. Absurdo julgar que histórias simples, produto de mãos débeis e inteligência débil, constituíssem arma. Não me sentia culpado. Que diabo! O estudo razoável dos meus sertanejos mudava-se em dinamite. O duro juízo do legista esfriou-me:

– Está bem. Não tinha pensado nisso.

Realmente pensava no prejuízo que me forçavam a causar ao paradoxo vivo ali sentado em frente de mim. Não havia dinheiro nem para os selos. Por que tirar da cadeia um pobre como eu? Sobral Pinto me fez outras visitas. Palavra aqui, palavra ali – notei que ele era pobre também. E por isso queria libertar-me. As nossas ideias discrepavam. Coisa sem importância. Sobral Pinto, homem de caridade perfeita, queria tirar da cadeia um bicho inútil, na minha opinião, um filho de Deus, na opinião dele.

capítulo 25

UMA NOITE de calor, suando no colchão duro, chateava-me a folhear um romance idiota. Alguém, na cama vizinha, interrompia-me afirmando com enorme certeza que aquilo era uma bíblia. Desenvolvia motivos, indicava passagens onde se arrumavam belezas imperceptíveis. Aborrecia-me:

– Está bem. Isso mesmo.

Impossível descobrir alguma vantagem no livro espesso, bem construído, científico em demasia. As personagens, terrivelmente sábias, expunham temas difíceis, causavam-me dor de cabeça. Os insensatos elogios irritavam-me:

– Isso mesmo. Sem dúvida.

Calor horrível. Morriam-me nos ouvidos sons abafados, as luzes das lâmpadas tremiam. Percevejos líquidos e ardentes fervilhavam-me por baixo do pijama; a respiração encurtava-se. As figuras ao redor perdiam a consistência; o discurso pedante do otimista pouco a pouco se desalentou e afinal as ideias sumiram-se dele. Falta de ar. De repente as letras começaram a mexer-se, a dançar, as linhas torceram-se doidas, deixando largos espaços vagos no papel amarelo. Esfreguei as pálpebras. As janelas estavam longe, as lâmpadas subiam. Na mesinha redonda, ao centro, jogavam bridge. Distingui os parceiros pela conversa abalizada:

– Dizem os tratadistas...

Cascardo, Barreto Leite e Hermes Lima estavam ali, mexendo cartas, discutindo, invisíveis; o quarto jogador apagava-se no silêncio.

– Xeque.

O tabuleiro de xadrez, a alguns passos, desaparecia em sombra compacta. Uma nuvem cortada por faixas vermelhas cobria os objetos. Cheguei a página aos olhos, afastei-a, buscando ansioso juntar os caracteres rebeldes. Vários deram-me a impressão de reunir-se, formando um contrassenso: *dettera*. Que diabo significava *dettera*? Parecia italiano, mas, por muito que me esforçasse, não me lembrava de ter visto semelhante palavra. Ademais o livro ali aberto era escrito em português. Que vinham fazer nele as estranhas sílabas? Procurei-as, e não houve meio de achá-las. Certamente não existiam, embora um minuto antes se houvessem mostrado claras, os dois *tt* negros e fixos. Ilusão, mas ilusão bem esquisita, com aparência de verdade. O negror e a fixidez tinham-se esvaído, agora as manchas cresciam na folha, os traços vermelhos angustiavam-me espalhando os sinais caprichosos.

Soltei a brochura, ergui-me, um peso enorme no coração: julgava-me inútil, condenado para o resto da vida a guiar-me pelos outros. Esqueci o otimista facundo, avancei alguns metros no soalho, orientando-me por indecisas claridades, atingi a mesa do *crapaud*, sentei-me num banco, tentei enganar-me fingindo seguir os lances de uma partida. Uma voz engrolada, cheia de *rr*, convidou-me para o jogo, senti os baralhos debaixo dos dedos.

– Obrigado. Não posso.

Levantei-me, peguei um braço, desviei-me tateando na penumbra e na aflição:

– Venha cá, Gikovate. Parece que estou cego, não consigo ler. Que diabo será isto?

Não era nada, respondeu calmo o rapaz tentando sossegar-me. A evasiva, a maneira rápida e fácil de eliminar um fato negando-o, agravou-me a inquietação. Como não era nada? Pouco antes achava-me tranquilo, a bocejar diante de um livro. Súbito as linhas se haviam deslocado, e em largos espaços desertos mexiam-se letras vagabundas. Algumas se juntavam, formando uma palavra sem pé nem cabeça, e manchas rubras corriam na página. Tinha-me sem dúvida aparecido qualquer desgraça. Não seria bom consultar outros médicos? Fazendo a pergunta, convencia-me da inutilidade evidente dela. Com certeza alguns dos vultos indecisos, atentos no xadrez e nos jornais, podiam examinar-me, traçar um diagnóstico, mas não tinham recurso para suprimir a horrível névoa espessa.

O judeu excelente achou desnecessária a consulta: dentro de meia hora aquilo ia passar. Usou expressões técnicas, aconselhou-me repouso, e a voz calma, segura, incutiu-me esperança. Lembrei-me de haver experimentado coisa semelhante anos atrás. Ocupava-me em redigir um vago esboço literário, destinado ao fogo, naturalmente: quando as gavetas se abarrotassem, seria preciso, como de ordinário, esvaziá-las, destruir as composições medíocres. O exercício longo, paciente, fixara-se, convertera-se em hábito, e em vão queria livrar-me dele. Desde a infância entregava-me ao dever estéril.

Naquele dia o caso novo me alarmara: a folha esmorecera, fundira-se às tábuas da mesa, e nessa pasta nebulosa a minha ficção capenga se dispersara, coberta de nódoas vermelhas. Esforçara-me por dominá-la, escancarando os olhos, aproximando, afastando o papel. A escuridão se prolongara cerca de meia hora. O prognóstico de Gikovate avivava-me a cegueira provisória e reduzia-me o susto. Meia hora. Talvez o rapaz desejasse apenas enganar-me, estabelecesse o prazo à toa, mas a coincidência levava-me a confiar nele. Dentro de meia hora a neblina se adelgaçaria, novamente me seria possível agarrar pedaços de verdade nos telegramas divergentes da Espanha.

— Vou deitar-me. Venha comigo, não enxergo o caminho.

O companheiro guiou-me entre os móveis confusos. Estirei-me na cama, enrolei a cabeça no lençol.

— Obrigado. Faça o favor de apagar a lâmpada.

Só, busquei distrair-me apanhando migalhas de conversas no burburinho. A gargalhada rouca de Moésia cortava a narrativa de Moreira Lima, várias vezes repetida; Apporelly arrumava a paciência vagarosa, ouvia-se distintamente o chiar das cartas na mesinha; e Aristóteles Moura, solícito, cochichava-me oferecimentos indefinidos. Os receios desbotaram, fugiram lentos, chegou a inconsciência, resvalei no sono.

Levantei-me dia claro, respirei com alívio pensando na aflição da véspera, e a manhã luminosa a entrar pelas janelas banhou-me como um favor. Pestanejei: as manchas tinham-se esvaído sem deixar vestígio. Faixas de sol forte avançavam no soalho. Os homens iam e vinham, perfeitamente visíveis, entregues às insignificâncias da rotina. Longe, avultava a massa pedregosa da Favela, com a casaria indecisa espalhada em cinzentas ladeiras, transeuntes a subir, a descer, mulheres avizinhando-se da igreja fina e amável pregada no cume. Tinham vivido ali possivelmente, preguiçando em botequins sórdidos, bebendo cachaça, tocando violão, alguns dos vagabundos agora comprimidos na piolheira da Colônia Correcional. Pensei nessas esquisitas personagens, incapazes de trabalho, expostas a uma contínua perseguição, comparei-as aos doutores que folheavam jornais nas tábuas dos cavaletes. Hermes Lima embebia-se nos seus cadernos de alemão. Pompeu Accioly resolvia problemas de xadrez. De volta do café, Maurício Lacerda encostava-se a um parapeito à esquerda e atirava aos pardais miolo de pão. Esse hábito diário constituía quase um dever, e na execução dele ratazanas enormes emboscavam-se entre blocos de cantaria, aguardando ensejo de assaltar as aves. Os bichos repulsivos, gordos, vorazes, reduziam bastante os intuitos benévolos do homem. Necessário fugir, era a opinião de Sócrates Gonçalves, repetida muitas vezes. Marteladas, uma serra a chiar na pequena marcenaria da saleta.

Abri o volume abandonado com desespero à noite, reli a página duvidosa e opaca onde três sílabas se tinham agrupado, a zombar de mim. Nenhum sinal delas. Apenas uma prosa insulsa e pedante.

capítulo 26

ENTRANDO no salão, vi na cama de Luís de Barros, fronteira à porta, um fardo trêmulo: aguentando o rijo calor de meio-dia, alguém se enrolava num cobertor de lã.

– Que é isso, Luís? Suadouro?

O moço descobriu o rosto pálido, murmurou débil:

– Não. Medo.

Abafei numa gargalhada a confissão intempestiva, não porque se tratasse de coisa rara, mas pela simplicidade com que se expunha. Evitamos referir-nos a tais fraquezas, embora não haja motivo para nos envergonharem. Lembrei-me do abafamento, aparecido às vezes como epidemia: ficávamos inúteis, sem apetite, os músculos bambos, a vontade suspensa. Na Colônia Correcional apavorava-me diante de um selvagem bêbedo. E a operação dos ratos levara, uma noite, José Brasil a perceber metralhadoras na sombra, assestadas contra nós. No estado normal, talvez nos espantássemos se alguém nos viesse falar nesses desconchavos, mais ou menos apagados; não seríamos capazes de amofinar-nos assim. Continuava a rir-me examinando a figura empacotada. Os olhos escancaravam-se, os beiços contraíam-se, os dedos apertavam com força a orla do pano abaixo do queixo.

— Largue esse cobertor, homem. Você se derrete nesta quentura dos diabos.

O rapaz mexeu a cabeça, espalhou a vista pelos arredores com jeito cômico:

— Não brinque. Estou morto de medo. Covardia.

Era como se estivesse a indicar ameaças em roda, mas isto se mudava em truanice. Não havia ali sinal da esquisita fraqueza que de longe em longe nos contaminava; os jogos, os trabalhos desenrolavam-se monótonos, as conversas zumbiam. Nenhum soldado bruto viria trazer-nos exigências alarmantes. E rumores indefinidos não alvoroçavam as criaturas sugestionáveis; no sossego das tocas os ratos dormiam; impossível imaginar canos de armas, inimigos ocultos, na claridade intensa que inundava o pátio.

— Recebeu alguma notícia desagradável? — inquiri afugentando razões imediatas.

Devia ser isto: desgosto de família, embaraços econômicos, obstáculos imprevistos surgidos no processo, encrencas sutis, esmorecimento do advogado. No ócio obrigatório e no ramerrão, esses contratempos se exageravam, roubavam-nos o sono.

— Seus parentes lhe disseram alguma coisa?

— Não. Tudo em ordem. Mas estou com medo. Nem sei de quê.

As pálpebras caídas ergueram-se leves, um olhar rápido fuzilou, nos lábios frouxos correu momentâneo o sorrisinho malandro. Um instante depois lá estava no rosto bambo a máscara deplorável: rugas, o nariz longo, dois sulcos fundos a prolongar a boca. A tremura sacudia os músculos, e no pescoço os dedos crispavam-se agarrando o pano.

– Estou com frio.

Para o diabo. Ainda uma vez a criatura desassisada se entretinha a zombar de mim. Durante meses se apagara, anônima e sem cor, os modos lorpas, gaguejando ninharias. E afetara excessiva cautela sem nenhuma razão. Não iria comprometer-se deixando a assinatura numa folha de romance? Agora simulava covardia. Ao sentir-me novamente logrado, achava-me crédulo, simples objeto de brincadeiras nas mãos de um sujeito ordinário. Repetia a mim mesmo essa injúria, e zangava-me por afirmar uma injustiça. O homem possuía grande talento, mas era estúpido viver a esbanjá-lo representando papéis ridículos. Notando a fraude, julgava-me denso e lerdo; com certeza outros indivíduos me enganavam também, e era-me impossível ajustar-me ao ambiente desgraçado. Tocaias. Pessoas a deslizar na sombra.

Afastei-me desgostoso, pensando que de fato procedíamos ali como se nos escondêssemos, em permanentes emboscadas. Veio-me ao espírito o juízo cínico de Walter Pompeu, desenvolvido meses atrás no cubículo 35 do Pavilhão dos Primários. Nordestino, bárbaro, acomodado à civilização, Walter admitia a negaça e a fraude, meios de suprimir um inimigo com pouco esforço. A lei dos cangaceiros. "É assim que se faz na guerra. Qual é o objetivo? Matar. Bem. Matamos reduzindo as probabilidades de risco. O homem sensato não se afoita em campo descoberto: resguarda-se junto a uma árvore, o olho na pontaria, o dedo no gatilho, o rifle apoiado a uma forquilha, e espera momento favorável. Um tiro, e acabou-se. O duelo é uma estupidez. Bobagem morrer à toa. Cavalheirismo, fanfarronada, isto é literatura besta." Recordando a opinião crua, vassourada razoável em muitas coisas vistas na aula primária, guardadas sem exame, surpreendia-me a arguir o oficial e a dar-lhe razão.

Literatura besta. A frase reaparecia, insistente. Ensinavam-nos a exibir os nossos intuitos, a proceder com dignidade e honra – e com isto se resumia o trabalho da polícia. Evidentemente. Se cometêssemos um crime, o remorso nos obrigaria a confessá-lo. Mas na guerra não existia remorso, os deveres ordinários findavam – e Walter Pompeu queria meter nas relações civis a moral e os hábitos da guerra.

Havia saltos nas minhas ideias, lacunas e discrepâncias. Farrapos de ideias. Afinal estávamos em guerra. Num banco estreito, em carro de segunda classe, inteirara-me disso lendo um jornal, entre dois fuzis. O Congresso Nacional prorrogara o estado de guerra. O disparate me indignara, arrancara-me pragas interiores. Agora, sentado na cama, olhando o monte vizinho, aplicava-me em reconsiderar. Havia na verdade um conflito a generalizar-se, briga invisível, e, em consequência, era natural que, por qualquer suspeita, nos tirassem do mundo.

A esquerda, mulheres a descer a ladeira vermelha e pegajosa, na manhã clara, um burro e uma cabra quase imóveis, casas de tábua e lata, a envergonhar-se, a encobrir-se nas ramagens, panos estendidos, crianças nuas. Paz. Em frente, a massa escura da Favela, a igrejinha alta e magra no topo, figuras vagas a achatar-se nos declives ásperos da pedra, tetos ariscos. Paz. E em redor, na sala extensa, o zumbido monótono das conversas, a leitura paciente de Maurício Lacerda, o riso de Jorge El-Jaick, o pigarro de Moreira Lima, chiar de serra e marteladas na pequena oficina de amadores. Paz. A guarita próxima, erguida no muro alto, parecia deserta; a sentinela devia cochilar pacificamente, esquecida a vigilância. Contudo, no sossego aparente vivíamos inquietos. Olhos atentos nos sondavam por detrás de óculos escuros, a gente se mexia entre ciladas, uma frase leviana figurava nos relatórios que indivíduos insuspeitos mandavam á polícia. O velho Marques me avisara: "O senhor hoje pela manhã, ali na mesa dos jornais, cumprimentou com a mão fechada os rapazes do banho de sol. Um dos seus companheiros escreveu isso e eu fui portador da informação. Desconfie de toda a gente, de mim e dos outros, mas desconfie mais dos seus amigos." Isso nos envenenava. Afinal já nem sabíamos quem era amigo, quem era inimigo. Um sorriso nos envolvia, nos anestesiava, ocultando um punhal de assassino. Dias depois, feridos na sombra, seríamos postos num alojamento sujo de moribundos. Centenas de organismos a desconchavar-se lentos, envoltos em farrapos; pernas convulsas a estirar-se, finas como cambitos; bugalhos a rolar em desvario. Gemidos, roncos de agonia — um infeliz a acabar-se, a barriga aberta, jorros de sangue escuro e podridão cheia de bichos, sob o voo das moscas. Poderíamos findar assim. E poderíamos resistir, livrar-nos, acomodar-nos outra vez, mais fracos e sem alma, junto ao altar, no quadrado firme de mosaico, lendo romances tolos, vendo a igreja fina e distante, animais e crianças nuas em cima da ladeira vermelha e, perto, longe do mundo, homens atentos no jornal e no jogo. Alguns suportariam miséria e fome, dentro de meses voltariam, como Aristóteles Moura, o crânio pelado, mais pálidos e magros, se moveriam tranquilos, em paz. Paz no vasto salão de tábuas vacilantes, no morro vermelho, nas casas escondidas entre ramagens, nas pedras da Favela, nas guaritas pequenas trepadas no muro largo. Outros ficariam na ilha fúnebre, desse desmanchariam anônimos em covas abertas nas escarpas duras e negras, debaixo das piteiras luminosas nos crepúsculos cor de sangue. Emboscadas. O ranger das portas anunciava estalos de gatilhos; nas dobras das roupas escassas havia navalhas e facas. José Brasil se alucinara uma noite, percebera armas na treva.

Luís de Barros não se afligia com esses perigos complicados, mas enxergava possivelmente outros perigos. Retraía-se, envolvia-se em dúvidas: todos nós éramos capazes de prejudicá-lo. Enrolava-se no cobertor pesado, a queixar-se de frio e medo. Cercavam-no delatores. Semanas depois as grades se descerraram para ele. Vestiu-se cuidadoso, arrumou a bagagem, despediu-se mastigando o sorriso parvo, que me atenazava. Naquele momento era dispensável a constante falsidade. Acompanharam-no ruidosos, com demonstrações vivas de alegria revolucionária. Luís de Barros andava de cabeça baixa, em silêncio. Parou à saída, virou-se, endireitou a visagem burlesca. Certamente ia fazer um discurso

— Obrigado — murmurou. — A comoção e a prudência embargam-me a voz.

capítulo 27

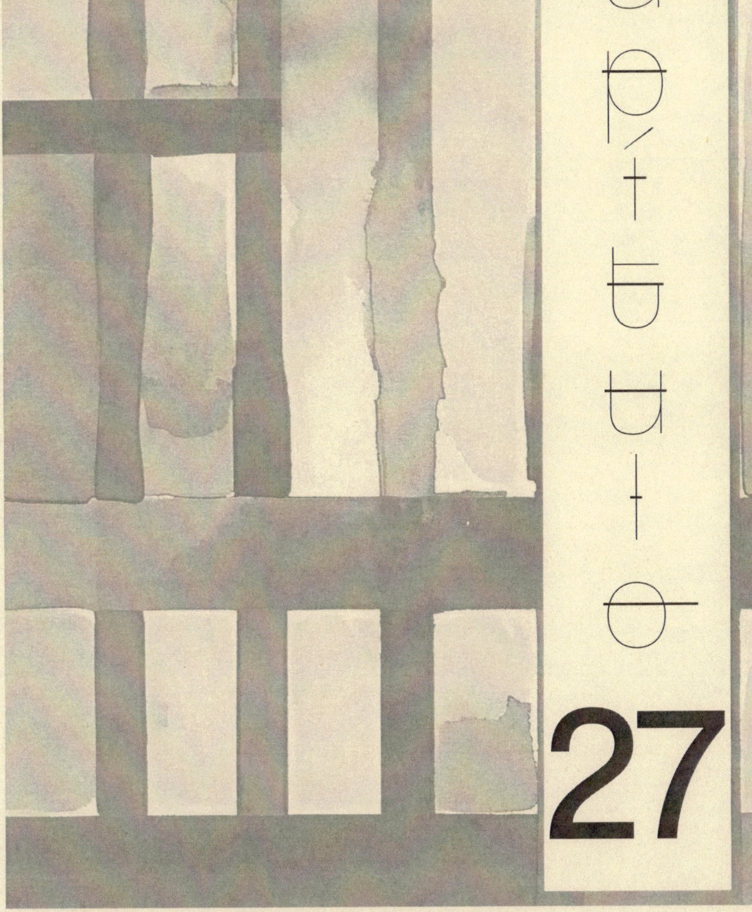

HOUVE luta física na Sala da Capela, e isto me alarmou, pois nunca me viera a suposição de que desavenças miúdas tomassem vulto, chegassem ao pugilato. Quais eram afinal os motivos dos rijos dissídios? Palavras. As discórdias começavam por elas, embrulhavam-se na significação delas, aprofundavam-se, alargavam-se. Por quê? Exatamente porque faltava razão para se alargarem, aprofundarem. Se houvesse razão, os adversários conseguiriam provavelmente superá-la, julguei. Repeti a mim mesmo que a dificuldade estava em darem à mesma coisa nomes diversos, darem a várias coisas um nome só. Impossível entenderem-se.

Haviam pedido a Leônidas Resende um curso de economia política. Leônidas enfermara, vivia estirado na cama, friorento, apesar do calor. Nas horas das refeições, erguia-se mole, descia trôpego ao refeitório, em desânimo. Se lhe falávamos, respondia com um sorriso murcho e balofo. Professor, homem de saber e método, apagava-se; não lhe reconheceriam valor se não aparecesse na encadernação um volume fornido com o nome dele. Daí o convite. Amável e paciente, Leônidas resignara-se às lições. A noite, no rumor das conversas e da vitrola, fazia-me pena vê-lo recostar-se ao travesseiro, ampliar a voz fraca, desenvolvendo a matéria, como se ainda se achasse na cátedra. Desatento à força do trabalho, ao mercado, à super-valia, o auditório bocejava. E, ao cabo de alguns dias, os alunos pouco a pouco se dispersavam, iam estudar coisa menos chata, ensinando uns aos outros, com lápis e folhas de papel, em grupos animados, pelos cantos. Não haviam entendido bem o professor claro e minucioso; acabariam não se entendendo.

Apareciam-me de longe divergências em esboço, e éramos forçados a reconhecer que ninguém tinha culpa. Estávamos feitos daquele jeito, cada um de nós estava feito de certo modo — e em vão tentávamos explicar uns aos outros que a leitura de um artigo não nos transformava. Numerosos degraus. Homens ásperos, intolerantes; homens simples, cheios de ódio. Lembrava-me do beato José Inácio, baixo e grosso, um rosário de ave-marias brancas e padre-nossos azuis no peito cabeludo, a mão curta a mover-se com raiva: "Quando fizermos a nossa revolução, ateus como o senhor serão fuzilados." Havia na Sala da Capela indivíduos assim, não tão rudes, mas férteis em absurdos e inconciliáveis. Tornaram-se comuns as falas estridentes, e como andávamos quase despidos, as almas enfim surgiram também meio nuas. Por que diabo me indispusera com algumas pessoas? Afligia-me não achar resposta, e talvez esses inimigos imprevistos fizessem debalde a mesma pergunta. Já na eleição do Coletivo aparecera no fim da sala, perto do altar, um princípio de bagunça, enquanto se apuravam as cédulas. Berros, palavrões, xingamentos, eleitores assanhados agarrando-se. E por esses votos insignificantes diversos militares me haviam torcido o focinho. Estupidez.

Agora as coisas pioravam. Certo dia dois sujeitos se engalfinharam. Um deles se desprendeu, foi à saleta, voltou armado com um formão, envolveu-se outra vez na desordem. Ao cabo de instantes desviou-se do grupo uma figura ensanguentada: na ação rápida os pacificadores não tinham conseguido meio de evitar o golpe. Gritos, barulho de tamancos, chaves a abrir maletas, passos na escada. O faxina trouxe uma bacia de água; Flávio Poppe, Gikovate e outros médicos estriparam rolos de algodão, e ocupavam-se na lavagem do ferimento quando o major chegou, acompanhado por guardas. Em silêncio, o velho estendeu o olhar severo ao redor, ficou algum tempo a examinar a criatura esmorecida e cabisbaixa que se deixava manusear, um filete rubro a correr de uma brecha pequena aberta na fronte. Nenhuma censura, apenas a carranca desgostosa. Mas isso nos causava aborrecimento e confusão, agravados pelo ar escarninho dos funcionários. Um deles guinchava olhando a testa pálida, onde logo se estirou um pedaço de esparadrapo. Guinchos, expressão velhaca e estúpida. Uma cara obtusa, beiços grossos e escuros arregaçando-se. Animal. Devia ser o tipo de que Agildo, levado a braços ao tribunal, se desembaraçara com um pontapé. Zombava de nós. Que vergonha!

O diretor afastou-se ríspido, sem se despedir, rosnou uma ordem, e sumiram-se pouco depois os utensílios da marcenaria. Dali em diante o chiar das serras e as marteladas não nos embalariam, a dissipar os desejos vagos e o tédio. Havia no alojamento um forte desânimo, e buscávamos reduzir a tristeza e o vexame fugindo a comentários.

Correram semanas. Os debates azedavam-se, entusiasmos ardentes esfriavam. Uma tarde nova desordem rebentou. Originou-se na saleta do café, cresceu rápida. Envolvendo muitas pessoas, tornou-se uma onda raivosa, transbordou. Sentado num banco, à mesa dos jornais, com um livro e um cigarro, vi, sapecando períodos, o fuzuê desenrolar-se, atravessar a porta, receber contingentes, espraiar-se. José Brasil se esgoelava, comandando, querendo estabelecer disciplina e método na bagunça. Para começar entalou o pescoço de um vizinho debaixo do braço, num truque japonês, redemoinhou com o adversário, feito um boneco, sufocado nessa gravata. Os bíceps contraíam-se, inchavam, molas duras, e a voz áspera exigia sossego lançando injúrias e palavrões.

Ergui-me, sentei-me um pouco distante, reabri o volume, o desconchavo alcançou-me, bateu-me nas pernas; levantei-me de novo, afastei-me alguns metros, esforcei-me por adivinhar a página. Desviando-me da leitura, percebi que grande número de militares aderia à briga. Aquilo para eles era esporte, jogo necessário à saúde. Baques, desaforos; o combate se generalizava, deslocava os móveis, alargara-se até o meio da sala. Não me achando em segurança, fui acomodar-me ao fundo, perto do altar. As camas restavam desfeitas; formavam-se partidos, a animar, a desanimar os lutadores; e pessoas cautelosas se resguardavam junto às janelas. A fúria coletiva decresceu, morreu, e os contendores desgrudaram-se. Restabeleceu-se a ordem, arrumaram-se as peças nos tabuleiros de xadrez, as cartas espalharam-se no *crapaud* e na paciência, os discos da vitrola buscaram desfazer-nos a má impressão.

– Você tem sangue de barata, homem – veio dizer-me José Brasil.

– Por quê?

– Ora porquê! Num barulho como este, fica sentado, lendo, nem levanta a cabeça. Que diabo! Você não tem nervos.

– Pois sim! Vou lá meter-me em questão de soldados? Vocês se entendem. Arranham-se, trocam murros, quinze minutos depois estão amigos. E voltam-se contra os paisanos. Sou neutro. Arranjem-se.

O capitão arregalou o olho vivo, com espanto. Em seguida soltou uma gargalhada:

– Ótimo. É isso mesmo. Foi a opinião mais sensata que já ouvi a nosso respeito.

GLOSSÁRIO

Aperuar - observar.
Assestadas - apontadas.
Atenazar - torturar.
Atrabiliário - furioso, irascível.
Bêbedo - bêbado.
Beribéri - doença causada por ausência de vitamina B1 (tiamina).
Bulha - discussão; altercação.
Caititus - porcos-do-mato.
Charivari - gritaria, alvoroço.
Colendo - respeitável.
Crapaud - jogo de cartas, semelhante ao jogo Paciência.
Debalde - inutilmente.
Gabolice - fanfarrice.
Hemoptise - tosse com sangue.
Introito - parte inicial.
Invectivar - repreender.
Jamegão - assinatura.
Lhano - amável.
Lorpa - pessoa pouco inteligente, desprovido de vivacidade, de vigor; imbecil, idiota, palerma.
Magote - grande quantidade; aglomeração.
Mofina - azar; infortúnio; infeliz; desgraça.
Mossa - marca, vestígio.
Opada - inchada.
Opróbrio - grande desonra pública.
Palrava - tagarelava.
Panegirista - elogiador.
Pexotes - novatos; inexperientes.

Polinevrite - também conhecida como polineurite; inflamação simultânea de vários nervos em regiões diversas do organismo.
Potoqueiro - mentiroso.
Quiproquós - equívocos.
Ramerrão - fastio, monotonia, rotina.
Seviciar - torturar.
Sorna - preguiçosa (o); lerdeza.
Tintureiro - carro de polícia; *camburão*.
Trautear - cantarolar.
Truanice - gracejo; trejeito.
Verrumar - provocar inquietação.
Virago - mulher masculinizada.